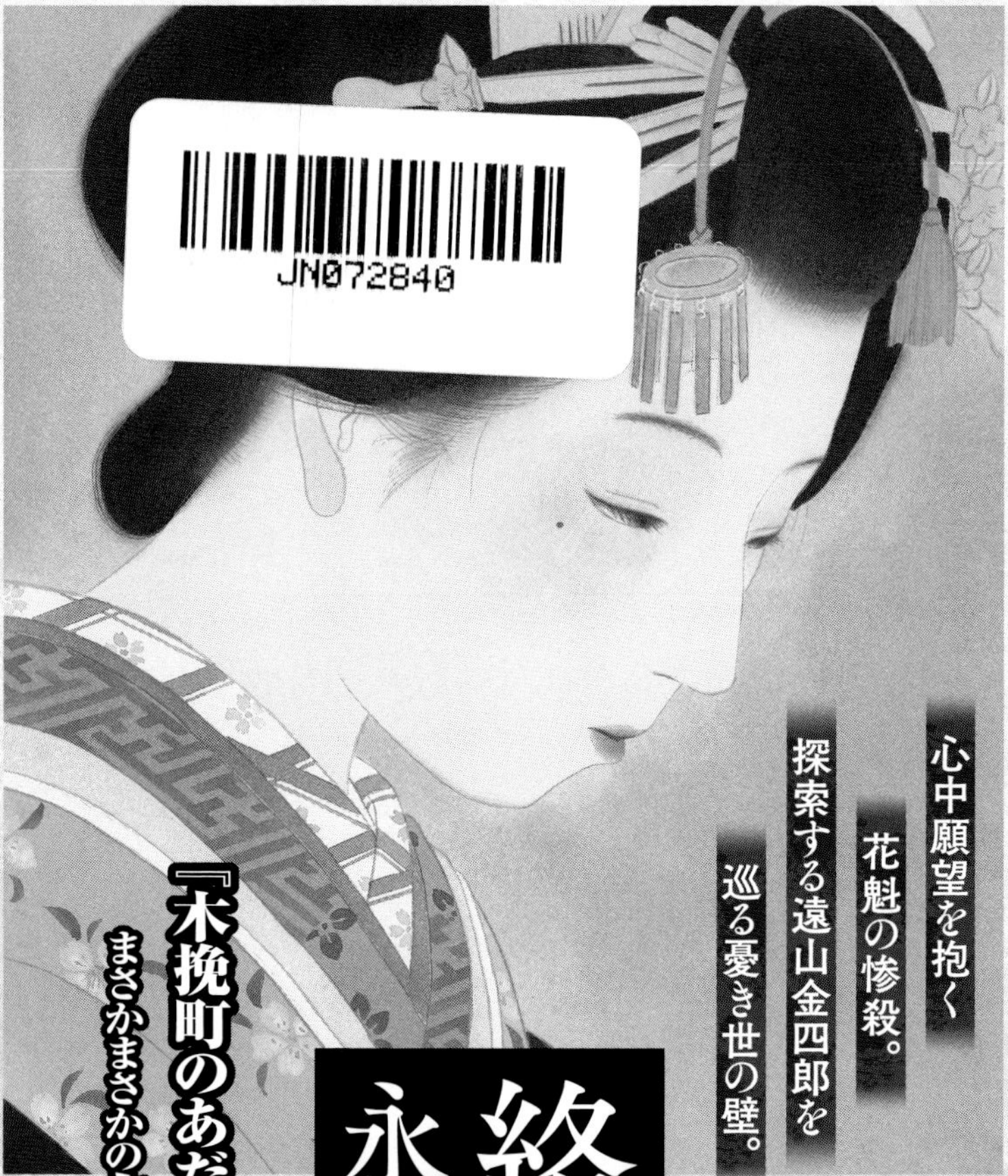

直木賞作家の珠玉にして衝撃のデビュー作!!

「やっぱりこの作品が原点なんだ」
——永井紗耶子

撮影／太田真

心中願望を抱く
花魁の惨殺。
探索する遠山金四郎を
巡る憂き世の壁。

旗本の息子だが、ゆえあって家を出て町に暮らし、歌舞伎・森田座の笛方見習いをしている遠山金四郎は、朝帰りの吉原で、女の骸を見つけた。花魁の雛菊が斬り殺されていたのだ。昨夜、狂歌師にして、戯作者でもある大田南畝の御伴で吉原遊郭での宴の折、金四郎の隣に座っていた稲本屋の女だ。一体何が雛菊を死へ向かわせたのか?

絡繰《からく》り心中

永井紗耶子

新装版

定価781円(税込)

『木挽町のあだ討ち』と対をなす、まさかまさかの大どんでん返し!!

イラスト／村田涼平

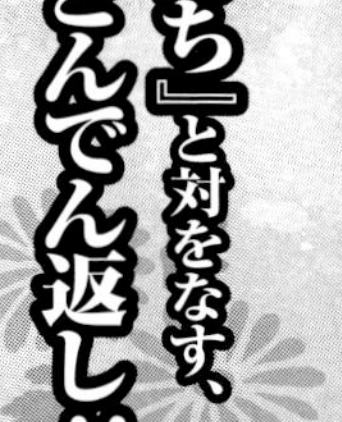

好評発売中

小学館文庫

愛読者サービスセンター TEL 03-5281-3555
https://www.shogakukan.co.jp

中公文庫 2023 創刊50周年

文庫で読む100年の文学

沼野充義／松永美穂
阿部公彦／読売新聞文化部 編

21世紀に読み継いでいきたい文学作品とは。第一次世界大戦前後から100年の海外文学60冊、日本文学40冊を厳選。ポケットに入る世界文学全集の提案。

●946円 207366-1

文庫の読書

荒川洋治

文庫愛好歴六〇年の現代詩作家が、読んで書いた文庫をめぐるエッセイを自ら厳選。文庫オリジナル編集で贈る、文庫愛読者のための文庫案内全一〇〇冊。

●990円 207348-7

対談 日本の文学

中央公論新社 編
〈全３巻〉

素顔の文豪たち	●1320円	207359-3
わが文学の道程	●1430円	207365-4
作家の肖像	●1320円	207379-1

全集『日本の文学』の月報対談を再編集。

古本道入門 買うたのしみ、売るよろこび
岡崎武志
●792円 206363-1

上京小説傑作選
岡崎武志 編
●1100円 207351-7

新編 不参加ぐらし
富士正晴
荻原魚雷 編
●990円 207433-0

新編 閑な老人
尾崎一雄
荻原魚雷 編
●990円 207177-3

怠惰の美徳
梅崎春生
荻原魚雷 編
●990円 206540-6

命の家 上林曉病妻小説集
上林 曉
山本善行 編
●1320円 207429-3

上林曉精選随筆集
文と本と旅と
上林 曉
山本善行 編
●1100円 207228-2

中央線小説傑作選
南陀楼綾繁 編
●990円 207193-3

喫茶店文学傑作選
林 哲夫 編
●990円 207420-0

酒場作品集
午後三時にビールを
中央公論新社 編
●924円 207380-7

里見弴 小津映画原作集
彼岸花／秋日和
里見 弴
武藤康史 編
●1210円 207357-9

中央公論新社 〒100-8152 東京都千代田区大手町1-7-1 https://www.chuko.co.jp/ ◎ご注文は書店またはブックサービス(TEL 0120-29-9625)へ

◎書店にご注文の際は、7桁の書名コードの頭に出版社コード978-4-12をお付けください ◎表示価格には税(10%)を含みます

おすすめ文庫王国2024　目次

表紙・本文イラスト　浅生ハルミン
表紙デザイン　松本孝一　　本文レイアウト　金子哲郎

本の雑誌が選ぶ

文庫ベストテン2023年度

☆2023年度の面白文庫を社員が推しまくる年間ベストテン座談会開幕！縦横無尽の時代小説から「推して知るべし！」な酒場作品集、もったいない医療小説等々の中、1位は謎の遭難事故の真相に挑むノンフィクションだ！

第1位

『死に山 世界一不気味な遭難事故《ディアトロフ峠事件》の真相』

ドニー・アイカー、安原和見訳
河出文庫

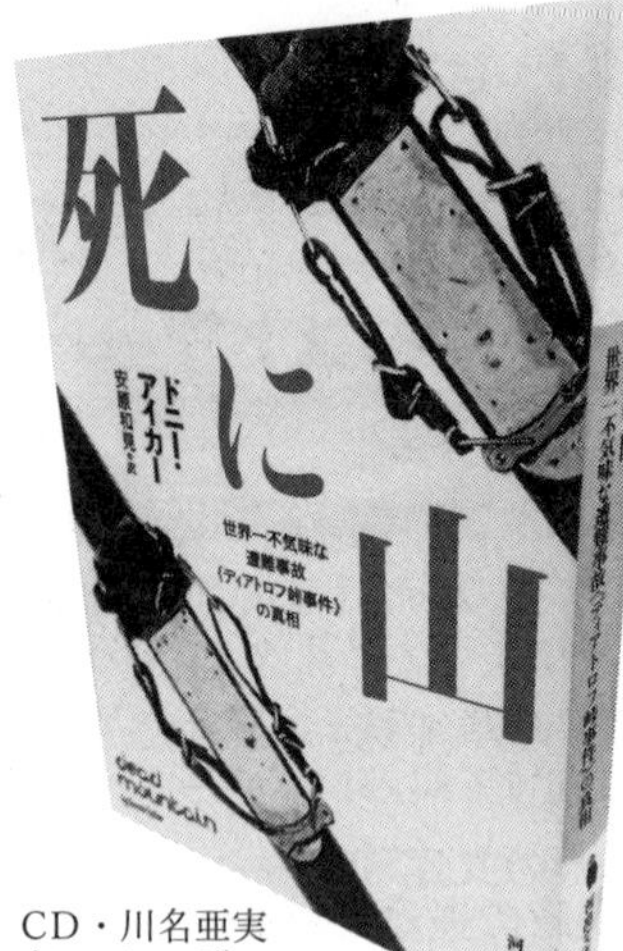

CD・川名亜実（オクターヴ）

発人　では、文庫のベスト10を決めていこう。浜田さんは今年も多いね。何冊持ってきたの？

営B　九冊です。

経理　あと一冊でベスト10だ。

営A　僕も多いよ。まず、宮本昌孝『天離《あまさか》り果つる国』。単行本の時、年間ベストを決めた後に読んで大きく後悔したんですよ。これを一位にしたかった、と。すごいんだよ、時も心も時代をかける。

編A　時代小説ですね。

営A　そう。驚く終わり方で、わーっと思ったら、それが史実に基づいていると知って、もう一度びっくりした。宮本昌孝はすごいですよ。縦横無尽に語り尽くす。これはぜひベスト10に入れてほしい。それから『死に山』。単行本の時も推したんですけど、ロシアの山中で凄惨な死に様の遺体がたくさん発見された。それはなぜか。いろんな論を立てて、ひとつの結論に導いていく。ミステリー的にも読めて面白いです。それと『孤塁』（吉田千亜／岩波現代文庫）。東日本大震災の際の双葉郡の消防士の苦闘を描いたノンフィクションですね。すごい記録です。あとは小説で青山七恵の『私の家』（集英社文庫）。家族小説ですね。それから長谷川晶一さん。

営B　『詰むや、詰まざるや』（双葉文庫）だー。

営A　九二、九三年の森西武対野村ヤクルトの歴史的な日本シリーズをいろんな人に話を聞いて描いた名著です。文庫化にあたって新たに追加取材をして書下ろしを加えている。

編A　それは嬉しいですね。

営A　あとは『2016年の週刊文春』柳澤健（光文社未来ライブラリー）。これは出版好きな人は読み逃せない。

発人　うん。間違いない。

営A　河出文庫がもう一冊。

発人　まだあるんだ。一冊って

本の雑誌が選ぶ
文庫ベストテン2023年度

本の雑誌が選ぶ文庫ベストテン

1. **死に山** 世界一不気味な遭難事故《ディアトロフ峠事件》の真相
   ドニー・アイカー、安原和見訳／河出文庫
2. **神よ憐れみたまえ**
   小池真理子／新潮文庫
3. **天離り果つる国** 上下
   宮本昌孝／PHP文芸文庫
4. **とにもかくにもごはん**
   小野寺史宜／講談社文庫
5. **穏やかな死者たち**
   エレン・ダトロウ編、渡辺庸子、市田泉他訳／創元推理文庫
6. **いつの空にも星が出ていた**
   佐藤多佳子／講談社文庫
7. 完全版 **日本人は、どんな肉を喰ってきたのか？**
   田中康弘／ヤマケイ文庫
8. **化け者心中**
   蝉谷めぐ実／角川文庫
9. **いつかたこぶねになる日**
   小津夜景／新潮文庫
10. **午後三時にビールを** 酒場作品集
   中央公論新社編／中公文庫

言ってたのに（笑）。

営A 『これが見納め　絶滅危惧の生きものたちに会いに行く』。いろんな動物を見に行くノンフィクションというかルポなんですが、書いてるのがダグラス・アダムスで。

編A ああ、「銀河ヒッチハイク・ガイド」の。

営A そうそう。だから文章が笑い転げるくらい面白い。あと宇佐美まこと『展望塔のラプンツェル』（光文社文庫）、砂原浩太朗『高瀬庄左衛門御留書』（講談社文庫）が文庫になっている。それからちくま文庫の『わんちゃ利兵衛の旅』。著者は神崎宣武という民俗学者で、お椀を売るテキ屋をずっと追った本です。面白くて大好き。あと、ヤマケイ文庫では浜田さんも持ってきてますが、『日本人は、どんな肉を喰ってきたのか？』が面白かった。以上。

編A 十一冊ですね（笑）。

営B 『日本人は、どんな肉を』の著者は「山怪」シリーズを書いてる田中康弘さん。これはすごく面白かった。もう一冊ヤマケイ文庫が谷口ジローの『捜索者』。谷口ジローオリジナル漫画で面白い。あとは原田ひ香と小野寺史宜がいっぱい出てるんですよ。その中でどれがいいのか。選べません…。

発人 小野寺史宜は『とにもかくにもごはん』が一番じゃないかな。子ども食堂の話。

営A これはいいですね。じゃあ、

営B 最高ですよね。

小野寺史宜はこれに。原田ひ香は選べないから選んで。そして河崎秋子。新刊が出ないから飢えてるんですよ。そこで見つけたのが『土に贖う』（集英社文庫）。短編集ですけど、表題作がすごい。それで、まだ読みたいと思った時に出会ったのが『北のおくりもの』（集英社文庫）という北海道アンソロジー。

発人 浅田次郎「鉄道員《ぽっぽや》」が入ってるアンソロジーね。

営B 北大路公子も太田和彦さ

んも入ってる。

経理　小説だけじゃないんだ。

宮B　小説もエッセイもあり。

河崎秋子も一編収録されてる。

2位

デザイン・新潮社装幀室

神よ憐れみたまえ

小池真理子／新潮文庫

3位

装丁・芦澤泰偉

天離り果つる国 上下

宮本昌孝／PHP文芸文庫

4位

CD・長﨑 綾（next door design）

とにもかくにもごはん

小野寺史宜／講談社文庫

5位

CD・柳川貴代＋Fragment

穏やかな死者たち

エレン・ダトロウ編、渡辺庸子、市田泉他訳／創元推理文庫

そして、小池真理子『神よ憐れみたまえ』。親本が出た時になんでベストに入れなかったんだ、と思いませんでしたか、浜本さん。激しく後悔しましたね？

発人　そうですね、はい。

編A　どういう話？

宮B　女性の一生の話です。うちの近所が出てきます。

発人　両親が殺されてひとり残された少女の成長物語。ミステリー要素もあって、むちゃくちゃ面白い。傑作ですよ。

宮B　それから佐藤多佳子『いつの空にも星が出ていた』。横浜ファンの小説です。

経理　私も読みました。

発人　僕も。いいですよね、佐藤多佳子。

宮B　そして蝉谷めぐ実のデビュー作『化け者心中』。時代小説です。江戸の芝居小屋の話。

発人　『木挽町のあだ討ち』みたいな？

宮B　うーん。こんな装画ですからね。まあ、推して知るべし。

編A　「推して知るべし」。わからないわからない（笑）。

宮A　教えてくれよー。

宮B　説明ができない（笑）。

発人　「絢爛豪華　江戸歌舞伎ミステリー」です。

宮B　最後はこれ。『午後三時にビールを』（中公文庫）。

編A　いいタイトルですねえ。

宮B　酒場作品集ですね。カバーのイラストは銀座ライオン。

編A　そうなんだ。見てわかるんだね、すぐに。

宮B　わかりますよ！

発人　推して知るべし！（笑）

編A　以上、九冊ですね。じゃあ、松村いきます。私はまず『穏やかな死者たち』。シャーリイ・ジャクスン・トリビュート・アンソロジー。シャーリイ・ジャクスンを大好きな作家たちがオマージュで書いた短編集です。だからだいたい不穏だったり奇妙だったり、ヘンだったりする。ケリー・リンクとかジョイス・キャロル・オーツとか、錚々たるメンツが書いてるんですけど、ヘンな話が満載でよかったです。次は『いつかたこぶねになる日』。漢詩エッセイ。

営A　詩人ですよね。

編A　詩人のエッセイで、たとえば野いちごのことを源頼朝と北条時政が詠んだ連歌があって、頼朝でもいちごがあるとウキウキしてるって教えてくれる。そういう楽しいことがいっぱいの本です。あとは、ホリー・ジャクソン『卒業生には向かない真実』（創元推理文庫）。高校生が未解決事件を捜査するシリーズの完結編ですが、楽しいジュブナイルだったはずがえらいことになっちゃって、半分くらいからどうすんの、これ？ってなって、もう最後、どーんみたいなすごい展開になる。おすすめはしないけど、衝撃の書。

経理　おすすめはしない（笑）。

編A　人によってかなり評価が分かれるエンドだと思うので。一方、『処刑台広場の女』（マーティン・エドワーズ／ハヤカワ・ミステリ文庫）。謎の美女が探偵役なんですけど、すごい勢いで人が死ぬんですよ。ああ、また死んだ！って。でもこの探偵は人が死ぬのを全然止める気配がない。この二冊はセットで。

発人　セット？

編A　こっちを読んでどーんとしたら、こっちを読んでスカッとするといいかなと（笑）。

発人　人がどんどん死んでいくのに「スカッとする」？（笑）

編A　必殺仕事人的な。これだけ死ぬとなんかもう茫然として笑えてくるんですよ。

営A　松村は小野寺史宜を読んだほうがいいよ。

編A　それから『11文字の檻　青崎有吾短編集成』（創元推理文庫）。「恋澤姉妹」が収録されてます。それもいいんですが表題作の「11文字の檻」が私はすごく好き。ディストピアみたいな世界で反政府的な発言をした人が、十一文字のパスワードを当てたら出られます、一日一回答えられますってところに閉じ込められちゃう。十一文字だから百億通り以上あって、一日一回しか答えられないから普通にやったら何十億年もかかるんです。それをみんなの力でがんばって解いていくという話。

発人　北上次郎枠だね。

編A　そうなるかな。あとは私の好きなフランシス・ハーディングが『カッコーの歌』（創元推理文庫）、『影を呑んだ少女』（同）と二冊文庫になっていて、『カッコーの歌』は主人公の女の子が池に落ちて記憶を失っちゃうダークなファンタジー。おかしなことがいっぱい起こって、「あと七日」というカウントダウンの声がいきなり聞こえてくる。その七日間で自分を取り戻していく話ですね。幽霊がどんどん頭に入ってくる『影を呑んだ少女』もいいです。あとは朝井リョウ『正欲』（新潮文庫）がよかった。

営B　面白かったね。

編A　あとは『「最後の」お言葉ですが…』（高島俊男／ちくま文庫）が文庫化されている。『死に山』は私も好きです。写真がいいですよね。若者たちが山に登るときの様子が男の子も女の子もキラキラしてて、この子たちがみんな死んでしまうんだ…みたいな。

発人　どんどん人が死んでいくのを楽しんでいる。

営A　おかしいよ。これ、そうやって楽しむものなの？

編A　そうじゃなくて！　こんなに輝いてるのに…と胸が痛くなる。写真の臨場感がすごい。

営A　それはある。でも、それで楽しむのかと思って、びっくりした。小野寺史宜を読んだほうがいいよ。

編A　それに喜びを求めてるわけではありません。では、小林さん。

経理　私は原田ひ香『古本食堂』（ハルキ文庫）。神保町が舞台で、いろいろと知ってるところが出てきて面白かったです。あとは辻村深月『琥珀の夏』（文春文庫）。これは宗教みたいな話なんですよね。親元を離れて子供だけで合宿をしていて、最終的には一人の女の子が亡くなってしまう。それが殺人事件かどうかとか。実際に今いろんな宗教があって、親と離れ離れにされることもあるので、そういう意味でもちょっと怖い。

営B　読んだ気はする。

経理　あとは早瀬耕『未必のマクベス』（ハヤカワ文庫JA）。

発人　それって今年文庫になったんでしたっけ？

経理　六年前です。ただこれは北上さんの追悼で読みたくて。楽しかったです。目黒さんは男性に読んでほしいって言ってたけど、女性もいいと思います。別枠ですけどね。

発人　僕は一冊だけ持ってきました。『あしたの名医』（藤ノ木優／新潮文庫）。文庫オリジナルです。「伊《い》豆《ず》中《なか》周産期センター」と副題にあるとおり産婦人科を舞台にした医療小説で、主人公の若い医者が都内の大学病院から伊豆の関連病院に異動になるところから話が始まる。

営B　周産期センターって赤ちゃんを産んだり、治療したりするところですよね。

発人　産婦人科の医者の話なんです。怖いトップの教授とか頼りになる先輩女医とかと、仕事をしていく中で成長していく。青春小説としてもお仕事小説としてもすばらしい。伊豆ガイドの面もあるし、連作なんだけど、一作に必ず伊豆のグルメ話が入ってきて、これが美味そう。ただ、中身はいいんだけど、この装丁がね…。

編A　そうですね。タイトルも簡素な帯も、そんなに読みたくなる感じではない。

発人　続編があると思うので、次作はもう少し手に取りたくなる見た目にしてほしいと。

営A　もったいない部門。

発人　第一位です。ほかにもそうやって見逃してる本があるんじゃないかと思うともったいないよね。

営A　じゃあ、ベスト10を決めていきますか。

発人　まずは『死に山』を入れよう。

営A　あとは小池真理子。

発人　『天離り果つる国』も。

営B　『とにもかくにもごはん』も！

発人　ああ、ぜひ入れよう。これはすごくいいよね。

営B　そうそう。『ひと』よりもいいと思うんだけど。

経理　『ひと』よりもいいんですか。それはすごい。

編A　順位はどうしますか。

営A　『死に山』が一位ですね!!　松村も推してるし。

編A　はい。面白かったです。

営A　ノンフィクション読みだけでなく、ミステリーが好きな

6位

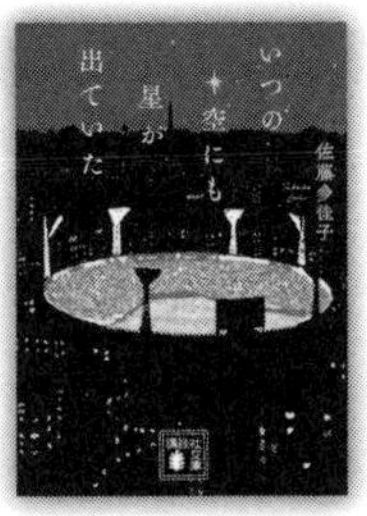

CD・長崎 綾(next door design)

いつの空にも星が出ていた
佐藤多佳子/講談社文庫

7位

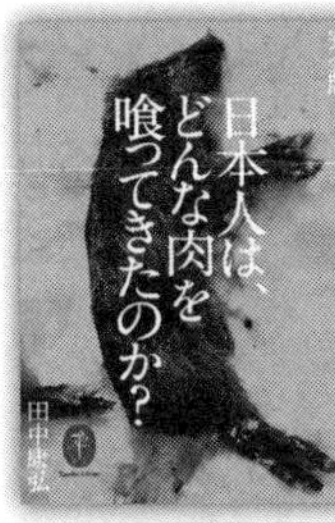

CD・尾崎行欧・本多亜実(尾崎行欧デザイン事務所)

完全版 日本人は、どんな肉を喰ってきたのか?
田中康弘/ヤマケイ文庫

8位

CD・須田杏菜

化け者心中
蝉谷めぐ実/角川文庫

9位

デザイン・新潮社装幀室

いつかたこぶねになる日
小津夜景/新潮文庫

10位

CD・髙林昭太

午後三時にビールを 酒場作品集
中央公論新社編/中公文庫

人も楽しめると思います。あと高野秀行さんのファンも。

発人 それじゃあ、一位がなんとまさかの『死に山』。

営A 二位は『神よ憐れみたまえ』じゃないかな。

発人 三位が宮本昌孝で、四位は『とにもかくにもごはん』。

営A 僕たちは好きだねえ、小野寺史宜のこと。

発人 五位は松村が挙げていたトリビュートのやつ。

編A 『穏やかな死者たち』ですね。不穏なやつ。

営B 音楽だとトリビュートってよく聞くけど、本でもあるんだね。

編A 「えっ、これからどうなるの!?」ってところでスパッと切るのがいいんですよ。昔話の幕切れみたいで。

営A 『午後三時にビールを』を入れよう。十位で。

営B 『日本人は、どんな肉を喰ってきたのか?』。これはみんな読めるよ。ね?

営A そりゃ読めるよ(笑)。佐藤多佳子はいいの?

営B ああ、入れて!!

編A 六位にします?

経理 おじいちゃんと孫のお話ですよね。よかった。

営B 『化け者心中』も面白かったよね?

編A 面白かった。推しても大丈夫。推して知るべし(笑)。

営B 『化け者心中』も入れてくれるの? わーい。

編A じゃあ『日本人は、どんな肉を喰ってきたのか?』が七位で、八位が『化け者心中』でどうでしょう。

営B わー、私が挙げた本たくさん入ってる!

編A その代わり九位は『たこぶね』で。

営A すごいね、ほとんど浜田さんのベストだよ。

発人 乾杯だね(拍手)。

営B やっぱりあれだ、北上チルドレンとして。

発人 そうだね。

営A まったく心のこもってない「そうだね」(笑)。

編A 本当に(笑)。

私の文庫ベスト3 2023年度

☆本誌が気になる作家、評論家、翻訳家、ライター諸氏17名に2023年の新刊文庫から3冊を厳選してもらったぞ!

紀田順一郎

①『妖精・幽霊短編小説集』ジョイス、イエイツ他　（下楠昌哉編訳／平凡社ライブラリー）
②『コ・イ・ヌール』ウィリアム・ダルリンプル他　（杉田七重訳／創元ライブラリ）
③『ジャズで踊って　舶来音楽芸能史』瀬川昌久　（草思社文庫）

①はジョイスの『ダブリナーズ』を柱に、同時代の幻想的作品を二六編集めたアンソロジーで、すでに紹介されているものにも、新たな照明をあて、改めて読み直しを迫る企画である。アイルランド文学の専門家らしい選択と翻訳で、深みのある内容だ。

②は英王室の所有する宝飾品の中でも、とりわけ高価なダイヤの由来だが、エリザベス女王も最近のチャールズ三世も、それぞれ戴冠式のさい身につけるのを避けたほど、不吉な伝聞がまとわりつく。浮き世離れしたテーマに見えて、近年の反植民地主義が下敷となっており、ノンフィクションとしても読ませる。

装丁・中垣信夫

③朝ドラ『ブギウギ』により、軽音楽史への関心が高まっているが、ジャズやミュージカルの知識ではこの人が第一人者だった。三島由紀夫と同学の親友で、生涯交流が途絶えることはなかったが、「美文には危険が伴う」という批判を変えることはなかった。五〇年代にアメリカに研修旅行した貴重資料が、文庫版の付録となっている。

佐々木敦

①『トゥルー・クライム・ストーリー』ジョセフ・ノックス　（池田真紀子訳／新潮文庫）

デザイン・新潮社装幀室

②『チク・タク・チク・タク・チク・タク・チク・タク・チク・タク・チク・タク・チク・タク・チク・タク・チク・タク・チク・タク』ジョン・スラデック（鯨井久志訳／竹書房文庫）

③『おどるでく』室井光広（中公文庫）

①は「マンチェスター市警 エイダン・ウェイツ」シリーズの著者による初のノンシリーズもの。作家イヴリンはマンチェスター大学の学生寮から六年前に失踪した女子学生ゾーイの謎をめぐる本を執筆するために、彼女の家族、友人、関係者への取材を行ない、原稿を書き進めていく。読者はイヴリンの作家仲間ジョセフ・ノックスとともに、それを読んでいくのだが、どこかがおかしい。いったい誰が嘘をついているのか？ 何重にも張り巡らされた仕掛けが素晴らしい。分厚い文庫だが一気読み。だが今でも何かを読み落としている気がする。

②はクセ者SF作家スラデックの後期傑作の待望の邦訳。「ロボット三原則」が機能していない極悪ロボット、チク・タクの怒濤の人（？）生。今では許されない強烈なブラックユーモアに笑いが凍りつきます。

③は二〇一九年に没した奇才作家のセレクション。日本語と「日本」という土壌に転生したカフカ？ ニッポンの世界文学。

徳永圭子

①『砂漠の教室 イスラエル通信』藤本和子（河出文庫）

②『記録ミッドウェー海戦』澤地久枝（ちくま学芸文庫）

③『永瀬清子詩集』谷川俊太郎選（岩波文庫）

CD・アルビレオ

イスラエルでヘブライ語を学ぶことにした翻訳家が様々な国からやってきた生徒たちを描く①。それぞれが長い道のりをへて砂漠の教室にやってくる。「わたしにはおそらくけっして知ることのできない奥行きがあるのだろう」という他者への目線と、傷ついた人々を語る上で「差別とか偏見とか迫害とかいう手軽な常套語」では満足に説明することができないと個人の歴史への理解をより深め、現在の地上から開いていく記録は読んでいて喉の奥が熱くなった。

夏に刊行された②も待望の復刊だった。ミッドウェー海戦で日米多くの犠牲者がいたことは知られているが、この本も個人の記録に目を向けている。犠牲になった兵士の家族に一人ずつ故人の生前を語ってもらい、志願と徴兵、家族構成なども記載。子を失った悲しみや大黒柱を失った後、貧困に喘ぐ現実などが多く語られていた。無駄な死ではなかったと信じたい心情も見える。青年たちが失った未来も勿論、悲しみを胸に秘めて仕事や居を転々としながら生きた家族の溢れる言葉が心に沈みこむ本だった。

谷川俊太郎との対談「やさしさを教えてほしい」も収録された③。強くありたいと思いながらもフェミニズムの前でちょっと足踏みしてしまう時、永瀬さんの詩はすっと入ってくる。「焔について」を仕事の終わりに読んで、明日へとのぞみたい。

クラフト・エヴィング商會(吉田浩美・吉田篤弘)

①『地球の中心までトンネルを掘る』ケヴィン・ウィルソン (芹澤恵訳/創元推理文庫)
②『ウー、うまい!』高峰秀子 (河出文庫)
③『疾走! 日本尖端文學撰集 新感覚派+新興藝術派+α』小山力也編 (ちくま文庫)

①は迂闊にも単行本の存在を知らず、今回の文庫化が初読。しばらくは、この一冊だけ読んでいればいいんじゃないかと思うほどの奇想天外な面白さ。「天外」がもたらす思いもよらないおかしさと悲しさが同時にやってくる。巻末に収録された津村記久子さんのエッセイがまた素晴らしい。②は文章の味わいそのものに、「ウー、うまい!」と思わず唸る。高峰秀子は函館の生まれだが、これこそ、気取りのない東京人による生き生きとした言葉の見本ではないか。「ブーたれる」や「へったくれ」の小気味よいこと。③は大正末期から昭和初期にかけて一瞬の閃光のように輝いた「新感覚派」の作品を集めた稀有な一冊。石野重道の作品が文庫で読める日が来るとは。この一冊を道標に、新潮社の『新興藝術派叢書』と改造社の『新鋭文學叢書』が文庫になることを夢見る。

CD・中村 聡

北村薫

①『対談 日本の文学 素顔の文豪たち』『同 わが文学の道程』『同 作家の肖像』中央公論新社編 (中公文庫)
②『アダムス・ファミリー全集』チャールズ・アダムス/H・ケヴィン・ミゼロッキ編 (安原和見訳/河出文庫)
③『私のイラストレーション史 1960—1980』南伸坊 (ちくま文庫)

①は全三巻。これを三冊と数えたら、それだけで終わってしまう。まとめて一項目とする。さて、書店の棚に必ず『文学全集』が置かれている時代があった。中央公論社の『日本の文学』は全八十巻。その月報の特色だったのが、対談、鼎談、座談会。半世紀前にこれをしておいてくれたのが、今、何とありがたいことか。貴重極まりない記録である。小津安二郎の映画とは違う内容の小説が、なぜその原作とされているか——などなど、いろいろなことをここで知った。今回、それらが時を超え、手に取りやすい文庫の形にまとめられた。②チャー

CD・南 伸坊

ルズ・アダムスと出会ったのは、六十年も前。夏休み、母の実家に行った時、文春の『漫画讀本』に載っているのを見た。忘れ難い。その部屋には、戦前の印刷の、色の調整のおかしい、ミレーの『晩鐘』の額がかかっていた。電灯が暗かった。③「いままでの美術大学とはまったく違う新しい美術学校」で、木村恒久先生の授業を受ける。世間一般の概念とは違う、理想の先生、理想の教育がそこにあった。また、寺山修司が深夜放送で、あることをいった時、友人が何をしたか。これらが、部分なのだから、全体が素晴らしくないはずがない。

池澤春菜

①『輝石の空』N・K・ジェミシン
（小野田和子訳／創元SF文庫）

②『夢みる宝石』シオドア・スタージョン
（川野太郎訳／ちくま文庫）

③『美しき血　竜のグリオールシリーズ』ルーシャス・シェパード
（内田昌之訳／竹書房文庫）

①はわたしが解説を書いているので、ちょっと手前味噌感があるけれど、やっぱり外せない《破壊された地球》三部作の最終巻。数百年ごとに文明を滅ぼす〈第五の季節〉が到来した星、母は世界を救おうとし、娘は世界を滅ぼそうとする。全ての謎と伏線が明らかになる、圧巻の三部作。いやもうそりゃヒューゴー賞、ネビュラ賞、ローカス賞三冠達成しますわね。

復刊なのでどうしようかな、と思いつつ、新訳だし、時を超えて愛される魅力があると再確認させてくれた②。虐待にあい、養家を飛び出してきた少年ホーティが辿り着いたのは巡業カーニバル。心優しいこびとたち、邪悪な団長、そして「夢みる宝石」と名付けられた不思議な存在……美しく優しく、残酷で叙情的。スタージョンが生み出した唯一無二の大人のSF童話。

CD・岩郷重力+W.I

期間ぎりぎりの一〇月三一日に滑り込んできたのが③。『竜のグリオールに絵を描いた男』『タボリンの鱗』に続く最終巻にして、唯一の長編。山よりも巨大な、動かぬ巨竜グリオール。その血液から麻薬を発見したロザッハーは、巨竜の思念に絡め取られていく。今回も暗く濃密で限りなく美しい。著者が亡くなってしまったのでこれが最後のグリオール、読み終わるのが何とも惜しい。

霜月蒼

①『アーマード　生還不能』マーク・グリーニー
（伏見威蕃訳／ハヤカワ文庫NV）

②『奪還のベイルート』ドン・ベントレー
（村上和久訳／新潮文庫）

③『夜に啼く森』リサ・ガードナー
（満園真木訳／小学館文庫）

二〇二三年は僕にとって、北上次郎を失った年だ。だから挙げたのは、北上次郎に感想を聞いてみたかった三作である。無論、そういう感傷は脇においても、この三作が二〇二三年の収穫であることは保証する。

北上次郎といえば冒険小説だ。冒険／活

劇小説を愛し続けた彼の最後の推しがマーク・グリーニーだった。その新作①は新シリーズ。北上次郎を熱狂させた『暗殺者グレイマン』と異なり、こちらの主人公は二流の傭兵で、そんな男が生還不能状況に追い込まれる。主人公がどう生き延びるかを書くことこそが活劇小説の「利き目」だと北上次郎は言った。ならばグレイマンよりこっちじゃないですか北上さん。

CD・K2

グリーニー派の新・活劇作家がベントレー。北上次郎は過去の二作には不満げだった。では新刊②はどうか。主人公を満身創痍に追い込むベントレー節が強烈さを増し、終盤の激闘なんて凄いことになっている。これは結構よくないですか北上さん。

③は北上次郎のもう一人の推し、カリン・スローターの系譜にあると僕が思っているシリーズの最新作。スローターのような世界観でヒーロー小説を書くにはどうすべきか——このシリーズはその一つの回答だと僕は思ってるんですけどね、ねえ、どうですか北上さん。

山崎まどか

①『女二人のニューギニア』有吉佐和子（河出文庫）
②『作家の仕事部屋』ジャン＝ルイ・ド・ランビュール編（岩崎力訳／中公文庫）
③『あなたも私も』久生十蘭（角川文庫）

①は1968年に作家有吉佐和子が友人の文化人類学者畑中幸子を訪ねてニューギニアの奥地まで行った時の記録だが、エッセイとしてとにかく楽しい。そんな心の準備もなかったのに、三日かけてジャングルを渡り、険しい山を越えて目的地へと向かうまでのサバイバルぶりからして爆笑もの。異文化の探訪記でもあり、強烈なパワーとキャラの持ち主である畑中先生と有吉とのシスターフッドものでもある。

CD・大久保伸子

②は1970年代、フランスの作家たちの創作過程について「ル・モンド」誌がインタビューしたのをまとめたもの。一部の初出は文芸誌「海」だったという。ロラン・バルトやフランソワーズ・サガンなどの顔ぶれも面白く、参考になったり、ならなかったり。似た企画にパリ・レビュー誌のインタビューをまとめた「作家はどうやって小説を書くのか〜」シリーズがあるが、あれも早く岩波書店に文庫化して欲しい。

③は久生十蘭の軽やかなミステリー小説で、mtマスキングテープの柄を使った表紙がすごく可愛い！ 若い世代が彼の作品を手に取るきっかけになりそうだ。

北村浩子

①『子どものことを子どもにきく』杉山亮（ちくま文庫）
②『ヴァーチャル日本語 役割語の謎』金水敏（岩波現代文庫）

③『パチンコ』ミン・ジン・リー
（池田真紀子訳／文春文庫）

三歳の息子に父がロングインタビュー。それが年一回の恒例になり、息子が十歳になるまで続いた。稀有な記録と言っていい①の面白さは、親が親らしさを保持しつつ、気楽な雑談という雰囲気を（そうとは見せず）注意深く作り、子どもの言葉を自然に引き出しているところにある。誘導せず整合性も求めない会話のなんと豊かなこと。

「わしが発明したのじゃ」「あたくしならよくってよ」――現実の会話では使われないのに、目や耳にすれば話者の属性を容易に想像できる不思議な言葉、役割語。②は役割語研究の第一人者がその発生と定着の謎に迫ったユニークな研究書。使わないけ

CD・宇都宮三鈴

ど、どんな人が口にするかは知っている、じゃあなんで知ってるんだろう？　という自問を頭の中に響かせながら読むのが楽しい。

小説もひとつ。③は日韓併合条約が締結された１９１０年の釜山から始まるコリアン一家の壮大なクロニクル。起点となる人物ソンジャの人生の行き先が悲しくて、どうして？　こんなことってある？　と思わずつぶやいてしまった。没入確実の一作。

橋本輝幸

『チク・タク・チク・タク・チク・タク・チク・タク・チク・タク・チク・タク・チク・タク・チク・タク・チク・タク・チク・タク』ジョン・スラデック
（鯨井久志訳／竹書房文庫）

『鋼鉄紅女』シーラン・ジェイ・ジャオ
（中原尚哉訳／ハヤカワ文庫ＳＦ）

『ギリシャＳＦ傑作選　ノヴァ・ヘラス』フランチェスカ・Ｔ・バルビニ、フランチェスコ・ヴァルソ編
（中村融他訳／竹書房文庫）

順不同。『チク・タク（以下略）』は一九

装丁・坂野公一
（welle design）

八三年の作品の本邦初訳である。家庭用万能ロボットのチク・タクによる手記は殺人や犯罪の告白であり、奴隷生活の記録でもある。人間を助けてくれる便利な召し使い像をくつがえす挑戦的な小説だ。愛や誠実に飢えたロボットの姿はこの世に搾取される労働者がいる限り普遍的かもしれない。

『鋼鉄紅女』も搾取され続けた者たちの物語だ。選ばれし男女ペアが変形する巨大ロボに乗り組み、人類の敵である機械生命体〈渾沌《フンドゥン》〉と戦う。主人公の女性「武則天《ウー・ゾーティエン》」が世の常識や偽りを暴き、破壊していくさまが痛快である。笑いやロマンス要素もあるが、終盤は衝撃的な展開が待つ。

『ギリシャＳＦ傑作選　ノヴァ・ヘラス』は、イタリア人編者たちのギリシャＳＦアンソロジーの英日翻訳。ディストピアＳＦが多いが、この落日の雰囲気は日本の読者

にも共感できるのではないか。序文にも書かれているとおり困難な世界で生き延びる話ばかりだ。前述の二作は反逆の物語だが、本書では無数の市民の生活が続く。

村瀬秀信

①『2016年の週刊文春』柳澤健（光文社未来ライブラリー）
②『いつの空にも星が出ていた』佐藤多佳子（講談社文庫）
③『十大事故から読み解く山岳遭難の傷痕』羽根田治（ヤマケイ文庫）

①文庫で736ページがノンストップで読める、言わずと知れた大傑作。僕自身も週刊文春や文春オンラインで長いこと仕事しているのになーんにも知らない別世界の話でひっくり返る。やはり文春すげえ。柳澤健すげえ。権力に屈せず信念を貫く文春の覚悟、気合い、恐ろしさをこの本で教えて頂きました。雑誌メディアの歴史教科書として後世に残るのでしょう。②この本が文庫化されると聞いて、今年ベイスターズが優勝すると確信したのも夢。4編からなる野球ファンたちの物語は、大洋－横浜－DeNAの実際に起きた出来事と共に語られる。70年の球団の歴史で2回しか優勝がないチームだから基本、せつない。だからこそ、感じ取れるものがある。1998年の優勝を描いた「パレード」は何度読んでも泣ける。③友人のエア登山家に「死ぬほど面白い」と勧められていた羽根田治さんの山岳遭難本。実際に起きた10件の遭難事故の検証はまさに決定版。疑似遭難の気分と恐怖を思い知らされました。

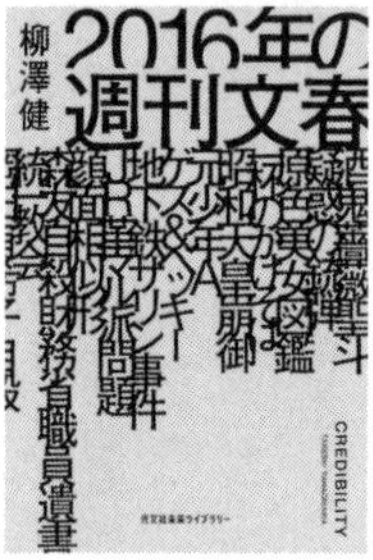

CD・水戸部 功

黒田信一

①『正欲』朝井リョウ（新潮文庫）
②『旅路の果て』寺山修司（河出文庫）
③『あの頃、忌野清志郎と』片岡たまき（ちくま文庫）

デザイン・新潮社装幀室

深くて解説が難しくてどのような物語なのかを端的に説明できずもどかしいのだが読み進むうちにとにかく心の奥底をわしづかみにされ裏返しにされて読後になんとか感想を言おうとしても言葉にできないばかりかそんな感想必要ないと無視されるみたいな小説が①『正欲』。正しいことの居心地の悪さ。早川義夫のアルバムタイトル〝かっこいいことはなんてかっこ悪いんだろう〟がなぜか浮かんだ。『桐島、部活やめるってよ』しか読んでいなかった読者として朝井リョウの深化にガクゼン。

今年の夏は競馬場で毎レース直後にコースに飛び出し、馬の走りで傷んだ芝を木槌で叩いて整える仕事をしていた。②『旅路の果て』は名作として名高い寺山修司の競馬エッセイシリーズの一冊。若いときに新書館で出されたものを読み漁ったものだが、あらためてページを開くと、有名無名馬を通しての人生哀歌が変わらずに聞こえてきた。ウマ娘はいらない。傷んだレースコースには寺山修司がいる。

そして忌野清志郎だ。③『あの頃、忌野清志郎と』は元マネージャーであり衣装係が回想する清志郎とのデイ・ドリーム。

唄が立ち上がる。

そう！

〝雨上がりの夜空に〟！

木村衣有子

①『菅江真澄 図絵の旅』
（石井正己編・解説／角川ソフィア文庫）

②『げいさい』会田誠（文春文庫）

③『音楽は自由にする』坂本龍一（新潮文庫）

今年は「えがく人」を軸にして3冊を選びました。

①北東北を活写した人といえば、岩手の宮沢賢治、青森の太宰治はお馴染みだけれど、秋田にも、菅江真澄がいた。彼が記録を残した場所に立つ、秋田県内におよそ200本あるという「菅江真澄の道」と記された標柱を辿れば、神出鬼没ぶりに感じ入らざるを得ない。ひとところにとどまり暮らす人たちのあいだを巡り、土地柄を文と絵で記録する、移動する人生。『菅江真澄図絵の旅』は、自筆の絵がカラーでふんだんにおさめられているだけでも稀有だし素晴らしい。②1986年11月の多摩美での学祭の一日を浪人生の視点からえがく長編小説『げいさい』をめくれば、80年代ぽさを味わいながらも、美大および美術界の有り様は大して変わってはいないともわかってしまう。「美術系の人間」ふうのスタイルは付け焼き刃でも身に付いてしまうこと。石膏デッサンは本質的には無意味であること。絵心とはなんなのか、そもそも、自由に描く、とはどういうことなのか、との問いも今ももちろん有効である。③坂本龍一が50代半ばのときに語った来し方『音楽は自由にする』は、文章で彼を振り返ろうとしてみていちばんしっくりきた一冊。

CD・大武尚貴

今柊二

①『日没』桐野夏生（岩波現代文庫）

②『決定版 ゲゲゲの鬼太郎1』水木しげる（中公文庫）

③『樺太一九四五年夏 樺太終戦記録』金子俊男（ちくま学芸文庫）

①は「世界」連載時から毎号ドキドキしながら読み、単行本になったので一気に読んで絶望し、さらに今年10月に文庫化されたので再読して落ち込んだ。ここまで後味の悪い小説も滅多になく、桐野夏生の天才ぶりに唸る。妙な言い方だが、物書きの人は一層イヤな気持になるのでおススメ。ちなみに、食べ物の描写が多く登場するが、一番美味しそうだったのがメープル味のカロリーメイトだった。②は書店で見かけて、何度も読んできたからなあと迷いつつ買ったが、やはり無茶苦茶面白い。ストーリーは勿論、背景の美しさに圧倒された。

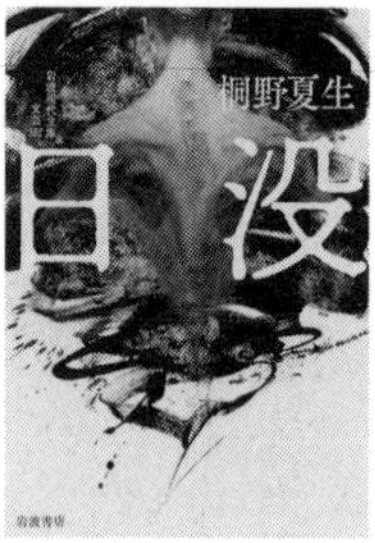

CD・
鈴木成一デザイン室

このような漫画が毎週読めたなんて（「週刊少年マガジン」に連載）、なんと贅沢な時代だったのか（第1巻は1965～1967年）。ちなみに、今年1月から刊行が開始し、10月に第10巻が出て完結。全部買いますわね。③は750ページ超の大作。地図や写真も豊富で、当時の樺太の「日常」もよくわかる。大工場が沢山あったのだね。そんな「日常」に敵が攻めてきて戦場になる恐ろしさがわかる。終わらないウクライナ戦争のこの時期に読むと、一層ズシンときた。

冬木糸一

①『輝石の空』Ｎ・Ｋ・ジェミシン
（小野田和子訳／創元ＳＦ文庫）

②『実力も運のうち　能力主義は正義か？』マイケル・サンデル
（鬼澤忍訳／ハヤカワ文庫ＮＦ）

③『ギリシャＳＦ傑作選　ノヴァ・ヘラス』フランチェスカ・Ｔ・バルビエリ、フランチェスコ・ヴァルソ編
（中村融他訳／竹書房文庫）

①は『第五の季節』、『オベリスクの門』に続くサイエンス・ファンタジー〈破壊された地球〉三部作の完結巻。歴史上はじめて三年連続で三部作がヒューゴー賞を受賞し、完結巻の本作はネビュラ、ローカスもとってトリプルクラウンになるなど、近年のＳＦとしては『三体』に並ぶ話題作だ。時折天変地異が起こって文明の基盤が滅んでしまう世界で暮らす人々の苦闘を惑星規模で描き出す、圧巻のスケールが魅力。

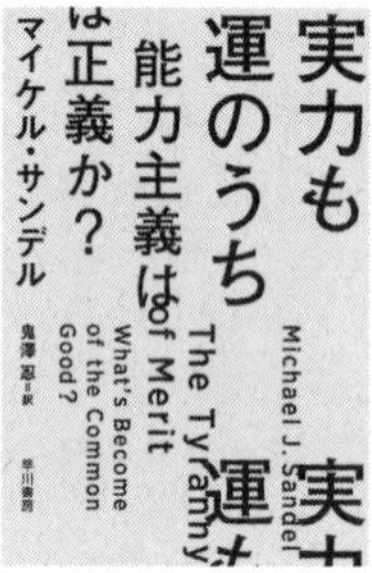

CD・水戸部 功

②は『これからの「正義」の話をしよう』などで知られるマイケル・サンデルの最新作。この世界には金になりやすい才能や、親の資本力といった厳然たる「生まれ持った格差」が存在する。良い大学に入り恵まれた人生を送っている人間はそれを自分の努力のおかげだと思っているかもしれないが、本当にそうだろうか？　と問いかけていく。今の時代に必要とされる一冊だ。

③はその名の通りのギリシャＳＦアンソロジー。海面上昇によって水没した都市が主題になる「ローズウィード」、移民問題が絡んでくる「蜜蜂の問題」など、ギリシャのいま・ここの問題が色濃く反映された短篇が揃っている。

柳下毅一郎

①『チク・タク・チク・タク・チク・タク・チク・タク・チク・タク・チク・タク・チク・タク・チク・タク・チク・タク・チク・タク』ジョン・スラデック
（鯨井久志訳／竹書房文庫）

②『サラゴサ手稿』ヤン・ポトツキ
（畑浩一郎訳／岩波文庫）

③『キラーズ・オブ・ザ・フラワームーン　オセージ族連続怪死事件とＦＢＩの誕生』

デイヴィッド・グラン　（倉田真木訳／ハヤカワ文庫NF）

①はジョン・スラデック久々の翻訳である。人間のマネをするロボット、ロボットのようにふるまう人間をテーマに言葉遊びとパズルだらけのSFを書き続けた鬼才スラデックはわが偏愛のSF作家でもある。労ばかり多くてあまり功がないスラデック翻訳という社会奉仕運動に取りくんでくれる物数奇が自分以外にもいてくれたことを本当に嬉しく思っている。本作はアシモフ回路が壊れているので人間に危害を加えることができるロボット「チク・タク」が立身出世を遂げるピカレスク・ロマン。良心を持たない「チク・タク」はサイコパスのメタファーとも読める。ちなみに邦題の遊びは無意味だからやめてほしい。ていうか、このせいで書評に使える文字数が減ってしまうではないか。

装丁・坂野公一（welle design）

②はついに完結。テクストもさることながら、この「幻の奇書」の成立過程までもが興味深く、読めば読むほど続きが読みたくてしょうがない。「言い知れぬ魅力がある」という一八〇四年版を読める日はいつか来るのだろうか。

柿沼瑛子

①『夜の蔵書家　古本屋探偵の事件簿』紀田順一郎　（創元推理文庫）

②『おいしい旅　しあわせ編』アミの会編　（角川文庫）

③『毒入りコーヒー事件』朝永理人　（宝島社文庫）

①もちろんこれがかつて「われ巷にて殺されん」という新書版で出て、これまでに双葉文庫や創元推理文庫で復刊されているのはわかってますよ！　でもね、単なる本好きの人のためのミステリ的扱いを受けるのはあまりにもったいない傑作なのです。戦後の混乱に乗じて猥褻文書を出しまくり、権力と闘い続けた一人の自由な男。その失踪をめぐってよみがえる、ある「戦後」。今だからこそ新しい読者に読んでほしい。

CD・山田英春

②旅に出てうまいものを食べるのはむろんそれだけでハッピーなのだが、年を取るとそこに苦かったり哀しかったりする記憶が加わってくる。その味は「自分」だけのものであると同時に「共有」する（した）ものでもある。人を生かしているのはそんな小さな「しあわせ」の記憶なのだ。

③この本の魅力をたとえるなら、たとえば果汁ソフトキャンディを口にして、ふんふん今時の人はこういうライトなのがお好きなのね、と思いながら途中で何度かぷちぷち「ん?」と思うような粒にぶち当たり、なおも噛んでいくと最後に「ぶちっ！」と果汁が大爆発する感じといえばいいか。

在日コリアン一家の百年の歴史を描く ミン・ジン・リー『パチンコ』に圧倒される！

永江 朗

ミン・ジン・リーの『**パチンコ**』に圧倒される。在日コリアン一家の百年にわたる歴史を描いたアメリカ文学。著者は韓国系アメリカ人で、4年ほど日本に住んだことがあるそうだ。日本でも多くの在日コリアン文学が書かれてきたが、アメリカで、そして英語で書かれたこの作品は、それらとはテイストが違う。梁石日《ヤンソギル》の『血と骨』をアーサー・ゴールデンの『さゆり』のテンポで、みたいな感じというか。

物語の骨格が素晴らしい。起点は日本が植民地支配していた時代の朝鮮半島、釜山近くの漁村。ソンジャは働き者の娘だが、なかば騙されて妊娠する。独身だと思っていた相手の男に妻子がいたのだ。絶望するソンジャを救うのが若い牧師のイサク。ふたりは逃げるようにして大阪に移住する。イサクは生まれてきたノアの父となる。やがてノアの弟、モーザスが生まれる。勉強ができてまじめなノアと、乱暴者だが優しいモーザス。異父兄弟のふたりは敗戦から経済成長していく日本で自分の人生を切り開いていこうとする。

ときおりノアの実父であるハンスが登場する。実業で成功した金持ち。ソンジャやノアに手を差し伸べようとする。だがその手はいささか汚れている。ハンスの一方的な愛情がノアを傷つける。

なぜ日本に多くのコリアンが住むのか、歴史的な背景がうまく描かれている。日本人による支配や搾取、そして差別も描かれる。たとえばソンジャがハンスに惹かれるきっかけは、日本人の男たちにレイプされそうになったところを助けられたから。ソンジャの一家は、戦時中も戦後も理不尽な思いをする。しかしそれが小説の主題ではないし、筆致も糾弾調ではない。

ルーツと歴史とアイデンティティという点では温又柔《おんゆうじゅう》『**魯肉飯のさえずり**』も共通している。「魯肉飯」は「ルーローハン」ではなく「ロバプン」と読む。

台湾出身の母親と日本人の父とのあいだに生まれた桃嘉《ももか》。日本人の聖司と結婚してもうすぐ1年になる。魯肉飯は母の得意料理で桃嘉も大好きだ。ところが桃嘉が張り切ってつくった魯肉飯を、聖司はふた口ほど食べて「こういうの日本人の口には合わないよ」と苦笑する。そして「こういうも

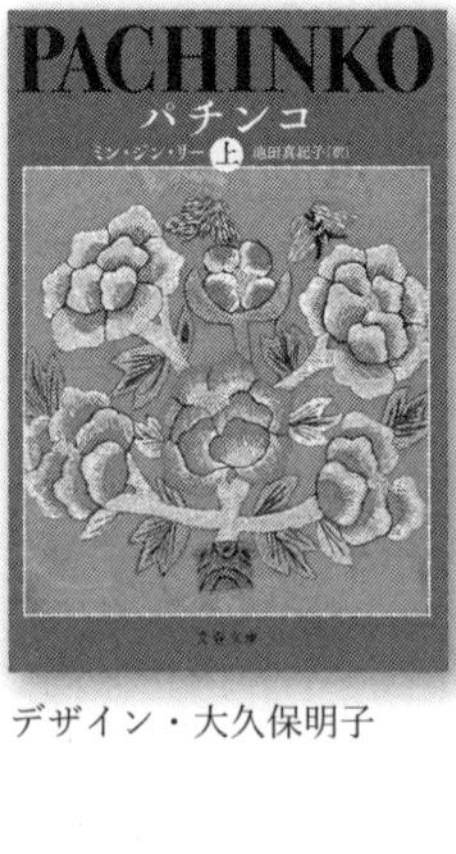

デザイン・大久保明子

現代文学ベストテン

1. **パチンコ** 上下
ミン・ジン・リー、池田真紀子訳／文春文庫
2. **誓願**
マーガレット・アトウッド、鴻巣友季子訳／ハヤカワepi文庫
3. **すべての、白いものたちの**
ハン・ガン、斎藤真理子訳／河出文庫
4. **オーガ(ニ)ズム** 上下
阿部和重／文春文庫
5. **クララとお日さま**
カズオ・イシグロ、土屋政雄訳／ハヤカワepi文庫
6. **星に仄めかされて**
多和田葉子／講談社文庫
7. **貝に続く場所にて**
石沢麻依／講談社文庫
8. **卍どもえ**
辻原登／中公文庫
9. **魯肉飯のさえずり**
温又柔／中公文庫
10. **82年生まれ、キム・ジヨン**
チョ・ナムジュ、斎藤真理子訳／ちくま文庫

のよりもふつうの料理のほうが俺は好きなんだよね」と言う。

ぼくは人が作ってくれた料理に文句をいうやつは許せないと思っているので、このくだりでカーッと頭に血が上ってしまう。「ふつうの日本人」ってなんだ。桃嘉のように台湾出身の母と日本人の父を持つ日本人は「ふつう」ではないのか。自分は「ふつう」だと思い込んでいる人間の傲慢さ。

台湾は複雑な歴史を持つ。中国語と台湾語には違いがある。だから「ルーローハン」じゃなく「ロバプン」。

チョ・ナムジュの『**82年生まれ、キム・ジヨン**』は、日本で韓国文学がブームになるきっかけになった小説。映画化もされた。1982年生まれの女性の目を通して、女性であるがゆえに被らなければならなかった日常的な不利益や困難、差別などを描いている。「キム・ジヨン」は、82年に韓国で生まれた女性のなかでいちばん多い名前なのだそうだ。つまり主人公の受難は彼女ひとりの特殊な例ではなく、韓国人女性の多くが経験していること、という意味が込められている。ただし、作者は1978年生まれ。

長年の抑圧のために、母親や友人の人格が憑依したような症状を示す、というアイデアがいい。日本と共通点がある、というよりも日本とそっくり。だからこの本のヒットは日本のフェミニズムも刺激した。たとえば若い母親についての蔑称「ママ虫」ということばが出てくるけれども、日本でも「ヤンママ」なんてことばがあったのを思い出す（ちょっと違うか）。

ハン・ガン『**すべての、白いものたちの**』は、韓国文学のひとつの到達点ではないか。白いものについての短い文章がたくさん入った作品。掌編小説のようでもある

し、詩のようでもある。ひとつひとつの文章を完結したものとして読むこともできるし、他の文章とつなげて大きな物語として読むこともできる。写真も含めて、何度も繰り返し読みたい。

　白いものについて書こうと決めた「私」は、まず目録をつくる。はじめに「おくるみ」、最後は「寿衣」。寿衣というのは死に

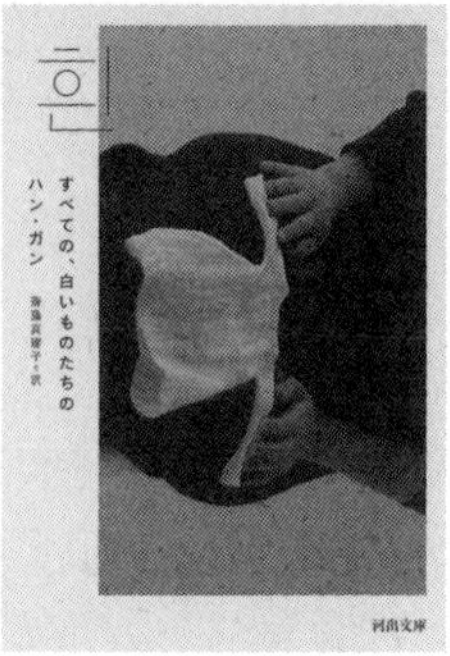

CD・佐々木 暁

装束。日本でも産着は白で、（最近はそうでもないが）死に装束は白だ。朝鮮文化と白という組み合わせは、白を悲哀の色だといった柳宗悦を連想させる（そして、強い反発があることも）。ハン・ガンのこの小説を読むと、白は悲哀だけでなく喜怒哀楽を包み込む豊かなものだと感じる。

　単行本にはなかった訳者の斎藤真理子と平野啓一郎の解説により、この作品をより深く味わうことができる。

　ハン・ガンは『すべての、白いものたちの』をワルシャワとソウルで書いたそうだが、**『貝に続く場所にて』**の石沢麻依はドイツ在住。東日本大震災で行方不明になった男が、9年後の2020年7月、「私」の前に現れるという話。しかも登場する場所がドイツのゲッティンゲン。ありえないことなのに、納得してしまうのが小説であり、読者を納得させてしまうのが作家の力。

　2011年の大震災と2020年のコロナ禍が重なり合う。震災と感染症の世界的流行とではまったく違うものなのに、大厄災ということでは共通していて、パンデミックは大震災の反復のように思えてくる。

　ゲッティンゲンという舞台がいい。長い歴史を積み重ねるようにしてできた学術都市。しかも「惑星の小径」と呼ばれる、太陽系の縮尺模型が組み込まれている。20億分の1の縮尺に合わせて、太陽や水星や海王星などの模型が街のあちこちに設置されている（この街だけでなく、ドイツやスイスなどあちこちにあるらしい）。グーグルマップのストリートビューでだいたいの感じをつかみながら読んだ。

　地震と津波のとき、「私」は仙台市の山沿いに近い実家にいて、野宮は石巻市の実家にいた。この「場所」の違いが生と死を分ける。空間だけでなく時間もこの小説の重要な要素だ。2011年3月と2020年7月。そして寺田寅彦がゲッティンゲン（「月沈原」と書いたそうだ）に滞在した1910年から翌11年にかけて。あるいは中世からのこの街の歴史。空間と時間の小説だ。

　多和田葉子もドイツ在住の作家。**『星に仄めかされて』**は『地球にちりばめられて』の続編で、完結編の『太陽諸島』も22年に単行本で出た。

　この3部作は国家や言語という枠組みを相対化している。主人公は太平洋にかつてあった列島出身のHiruko。つまり「母国」はもうない。移民先のヨーロッパで自分と同じ母語を話す人を探している。そして独自の言語「パンスカ」を使って人びととコミュニケーションしている。国境というのは人為的に引かれた線でしかない。時代に応じて何度も引き直される。ヨーロッパの歴史は国境線書き換えの歴史でもある。し

かし、国家が消滅しても、ことばは残る。そして、ことばはアレンジしたり新たに作ったりもできる。日本語を「国語」と呼ぶのはやめようとぼくは思った。

マーガレット・アトウッドの『**誓願**』は『侍女の物語』の続編。といっても正編の発表から34年ものちに書かれた。監視社会を描いたディストピア小説であり、女たちの連帯を描くシスターフッド小説でもある。ここはぜひ同じレーベルから出ている正編もあわせて読みたい。

主人公が〝産む機械〟にされてしまう正編の暗くて重いトーンに比べると、『誓願』はいくぶん明るく感じる。正編が発表された時代は「こんなこと、ありえないよね」と虚構として楽しめたが、いまディストピアは現実だ。

阿部和重は虚構のなかに現実を織り込むのがうまい。『**オーガ(ニ)ズム**』は『シンセミア』、『ピストルズ』に続く「神町《じんまち》サーガ」3部作完結編。作者の故郷でもある山形県の神町(東根市)が主な舞台だ。作家、阿部和重のもとに血まみれの男がやってくる。男はCIA。小説のなかでは、首都は神町に移転している。もうすぐオバマ大統領(当時)が神町を訪れることになっているのだが、神町には超能力を操る菖蒲家の人びとが住んでいる。阿部はいやいやながらCIAと神町へ向かう。オバマのほかキャロライン・ケネディ駐日アメリカ大使(当時)も出てくるし、阿部和重の妻が川上だったりする一方、過去の阿部作品ともつながる。そして、阿部にとっては超能力者よりCIAより恐ろしいのが3歳の我が子で、「ママがいい、ママがいい」の絶叫には勝てない。

カズオ・イシグロ『**クララとお日さま**』は、人間型のロボットが主人公。クララは病弱な少女の「人工親友」として買われていく。ロボットと人間の交流や恋愛を描いた小説は昔からいろいろあるけれども、この小説はクララのモノローグで、しかも児童文学のスタイルで書かれているところがいい。献身的で疑うことを知らない、無垢な心のクララの語りは哀れを誘う(そこがあざといともいえる)。

辻原登の『**卍どもえ**』は現実をとことん突きつめた虚構。谷崎潤一郎の『卍』現代版。舞台は2006年の東京。主人公は51歳のグラフィック・デザイナー。数々の広告賞を受賞し、青山に事務所を構える。横浜市に自宅があり、伊豆高原のリゾートのプールに通う。このバブル臭プンプンの男の妻がドロドロした性愛の世界にはまり込んでいく。

素晴らしいのは細部。登場人物たちの日常が克明に描かれる。2006年の東京が鮮やかに浮かび上がる。17年前の東京、平成の日本。5年後に大震災が起きるなんて考えていなかったし、バブル崩壊後の不況がこんなに長引くとも考えていなかった。ましてや1ドルが150円になり、日本が先進国グループから脱落するなんて。でも、その予兆はこの小説にもある。谷崎『卍』との併読がおすすめ。

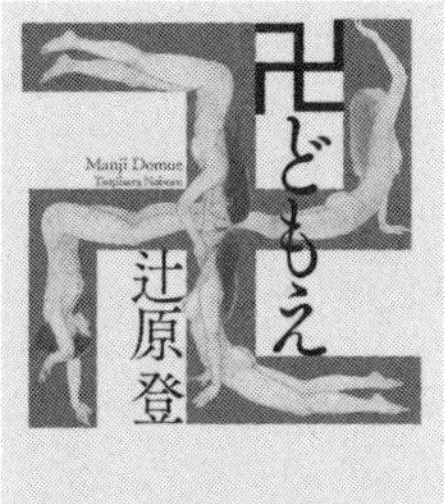

CD・芦澤泰偉

青崎有吾「恋澤姉妹」が好きだ〜っ！と全世界に向けて叫ぶ！

吉田伸子

くぅ〜〜〜、たまらん！　何度読んでも、身をくねらせてしまいたくなるほど好きだ。全世界に向けて、好きだ〜〜〜っ！と叫びたいくらい。青崎有吾さんの「**恋澤姉妹**」（**『11文字の檻』**所収）である。

ミステリのアンソロジーとして編まれた1冊を、恋愛小説部門のベスト1に挙げる、というのは反則技だが、「恋澤姉妹」の素晴らしさに免じてご寛恕を。

「恋澤姉妹」を、「失われた恋」を描く最強の恋愛小説と評したのは目黒（北上次郎）さんで、もう、その一言で言い尽くされているのだけど、蛇足を承知で付け加える。「恋澤姉妹」は、恋愛の本質をも炙りだしている、と。

完璧に完結された関係は、二人だけのものであって、その関係を誰にも消費させたくない、という思い。それが「見るな、という気持ち」であり、物語のラスト、恋澤姉妹に向けて芹が放つ「逃げ続けろ。追いつかれるな。邪魔する奴はみんな殺せ。誰にも見せるな。神様にだってマリア様にだって見せてやるな。あんたたちの関係性は、あんたたちだけのものなんだから」という言葉だ（ちなみに、殺せ、というのは比喩ではない。恋澤姉妹の基本ルールは「人生に干渉する者を許さない」であり、「見ようとする者も触ろうとする者も話しかけようとする者も、ある一定のラインを超えた瞬間、問答無用で殺される」のだ）。吐息と血潮の恋澤姉妹はもちろん、除夜子と芹にも痺れます！

錦見映理子さんの**『恋愛の発酵と腐敗について』**は、心優しいダメ男・虎之介を巡る女たちの物語。恋愛小説において、この、心優しいダメ男、というの、本当曲者なんですよ。優しさゆえに女にだらしなくて、優しさゆえにややこしくなってしまった女を突き放せない。その上、この虎之介には、二十二歳年上の妻がいるのだ。

で、この虎之介の妻・伊都子がね、いいんですよ。恋愛の酸いも甘いも嚙み分けた、人生のパイセン！　なのだ。「虎之介をうっかり好きになってつきあい、まもなく結婚していることを知って、怒り狂って店（伊都子がやっているスナック）にやってくる女の子を、伊都子はことごとく大事にした」。

CD・西村弘美

要するに、虎之介というダメ男を取り合って、女たちを対決させる、というところに物語を落とし込んでいないのだ。「みんなかわいそうに。虎之介も、女の子たちも、自分も」と伊都子は思っていて、そこが、この物語の懐の深さなのである。

中山可穂さんの『**感情教育**』は、私の中の「可穂さんベスト3」に入る1冊。幸薄く育った二人の女性、那智と理緒。出会うべくして出会い、落ちるべくして恋に落ちた二人だったが、那智には夫と、そして何よりも愛する娘がいた――。

本書は、2002年の講談社文庫版を復刊したもので、当時の版の帯コピー、「これ一作で　わたしは年老いた」を見た時、デュラスの『愛人《ラマン》』の帯コピー「18歳でわたしは年老いた」に呼応している！　と勝手に一人で胸を震わせたことを今でも覚えている。当時の可穂さんが、文字通り身も心も捧げて書き上げた1冊で、どうかこの機に一人でも多くの読者に届きますように、と思う。

一穂ミチさんの『**青を抱く**』は、ノン気の泉が、ゲイを公言する宗清にどうしようもなく惹かれていく様を描いた物語で、こちらもまた、2015年フルール文庫から刊行されたものを再文庫化したもの（新たにフルール文庫刊行時に著者ブログに掲載されていた作品と、購入者特典として配布されたショートストーリー、書き下ろし掌編が加えられています）。BLのツボを押さえつつも、背景のドラマ（二年間昏睡状態にある泉の弟・靖野や、宗清の出生、等々）までしっかり読ませる。なるほど、このストーリー作りの巧みさが、『スモールワールズ』や『光のとこにいてね』に繋がっていくのだな、と思いました。

一木けいさんの『**9月9日9時9分**』は、

恋愛小説ベストテン

1. **恋澤姉妹**
   青崎有吾『11文字の檻』所収／創元推理文庫
2. **恋愛の発酵と腐敗について**
   錦見映理子／小学館文庫
3. **感情教育**
   中山可穂／河出文庫
4. **青を抱く**
   一穂ミチ／角川文庫
5. **9月9日9時9分**
   一木けい／小学館文庫
6. **三度目の恋**
   川上弘美／中公文庫
7. **アパートたまゆら**
   砂村かいり／創元文芸文庫
8. **初恋写真**
   藤野恵美／角川文庫
9. **恋に焦がれたブルー**
   宇山佳佑／集英社文庫
10. **ぬいぐるみとしゃべる人はやさしい**
    大前粟生／河出文庫

タイからの帰国子女・漣の物語。バンコクで伸びやかに育った漣にとって、日本での高校生活は息苦しさを覚えるものだった。そんなある日、漣は学校の渡り廊下ですれ違った先輩・朋温《ともはる》に一瞬で心を奪われる。けれど、朋温は、「絶対に好きになってはいけない相手」だった。

恋愛小説にとって、「ままならなさ」は重要なファクターであり、その「ままならなさ」をどう描くのかによって、その恋愛小説の「質」にも関わってくる。本書では、それが、「許されざる相手」だ。漣が恋したのは、姉に手酷いDVを加え、姉をぼろぼろにした男の弟だったのだ。今もDVの後遺症に苦しむ姉を思えば、そんな男の弟を恋しく思うなど言語道断、と理性ではわかっているものの、理性では抑えられないからこその、恋、なのだ。漣と朋温の恋の行方、は実際に本書を読まれたい。ラスト、9時9分に向かって駆け出す漣の背中が、読後、胸に落ちていく。

川上弘美さん『**三度目の恋**』は、「伊勢物語」をベースに、川上さんの想像力と創造力で編み上げられた1冊。千年という時の流れを、夢の中で自在に生きる現代の梨子。彼女のしなやかな思考や内省が、するすると読み手の心に入り込んでくる。

「相手が自分を愛してくれることは、ただの必要条件なのです」「恋愛がすすみゆく中で、自分が相手に何をしてあげられるのか。その内実こそが、恋愛におけるもっとも甘くて得がたい部分なのだと、わたしはしみじみ思うのです」

CD・田中久子

梨子のこの言葉、めちゃくちゃ深くないですか？

砂村かいりさん『**アパートたまゆら**』、藤野恵美さん『**初恋写真**』、宇山佳佑さん『**恋に焦がれたブルー**』の3冊は、前述した、恋愛小説における「ままならなさ」へのそれぞれのアプローチが読みどころ。

『アパートたまゆら』では、自身を軽度から中程度の潔癖症と認めている主人公、木《き》南紗《なみさ》子《こ》が、アパートの隣人・琴引《ことびき》に恋をする物語。何せ、潔癖症ゆえ、琴引といい感じになっても（なるんですよ！）、いわゆる肉体的な接触はハードルが高いわけで、そのあたりの焦れったい感じ、紗子の葛藤が丁寧に描かれている。するするっとうまくいってしまう琴引との関係や、や、ちょっと、琴引、出来すぎ君だろっ！　とつい突っ込みたいところもあるけれど、紗子のロストバージンの相手であり、紗子の高校の同窓生である久米がいい味を出しているので、そこは差し引きちゃら。

『初恋写真』は、大学の写真部に所属する法学部二年の学生・星野公平と、新入生歓迎祭がきっかけで写真部に入部した、同じく法学部一年の花宮まいの、「初恋」物語。ここで描かれる「ままならなさ」は、星野の恋愛経験値がゼロであることと、まいの抱えるトラウマ、である。

星野とまい、交互の視点で語られていく物語は、恋の初めの微妙にすれ違う想いや、相手がいることなのに、勝手に先走りになりがちな想いが丁寧に描かれている。なんといっても、「ままならなさ」から逃げることなく、二人が話し合って、向き合っていく、というその過程が、気恥ずかしくも、愛らしいのだ。もうね、この二人の初々しさと、それゆえに醸し出されるほんのりエロス！

『恋に焦がれたブルー』の「ままならなさ」は、かなりとんがっている。何せ、好きな相手を恋慕う↓脳がバグる↓肉体的に苦痛が出てしまい、その状態が続くことによって、生命が脅かされるまでになるのだ。いやいや、流石にそれは、と思いつつ読み進めるうちに、あ、この読み口、何かに似ている、と気づく。そう、それは、ズバリ、「大映ドラマ」！（「大映ドラマ」がピンとこない人は、各自お調べください）。あの、マジかっ⁉ と誰もが突っ込みたくなる設定と展開でありながら、不思議と観る者を捉えて離さない、畳み掛けるようなドラマツルギー。気がつくと、思わずほろり。それが、活字となって、再生されているのだ。これは、あとを引く。

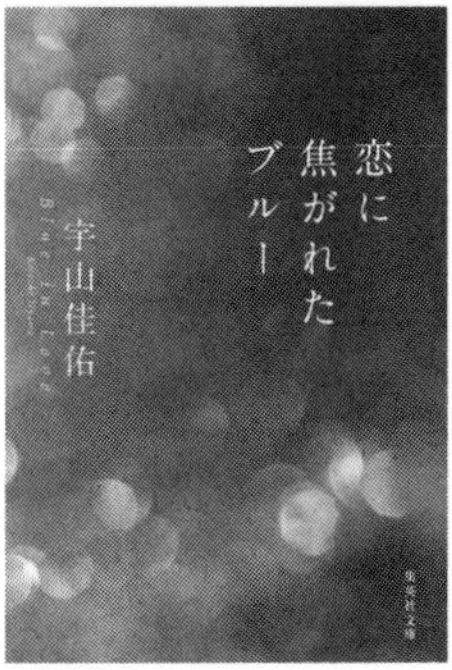

CD・高橋健二（テラエンジン）

　靴職人を目指す男子高校生・夏目歩橙《あゆと》は、入学式に向かう桜並木で、渡良井青緒《わたらいあお》を見初める。以来、歩橙の夢は、青緒に自作の靴を贈ることで、そのためには彼女の足のサイズを測らねばならなかった。

「あなたの足に触らせてください！」、という、歩橙の一言で始まるこの物語が、どんな旅路を経て、どこに着地するのか。「ままならなさ」に歩橙が出した答えを、ご一読あれ。

　大前粟生《あお》さんの『**ぬいぐるみとしゃべる人はやさしい**』は、表題作を含む四篇からなる小説集。大前さんの作品は、なんといってもタイトルが秀逸だといつも思うのだけど、このタイトルも絶妙。直球の恋愛小説、とは少し趣は異なるのだけど、そもそも恋愛ってなんだろう？ と考え込んでしまうような人や、ジェンダー問題に悩んでいる人に、読まれて欲しいと思う。

「『恋愛』とか『男女』とか、主語が大きい話は、大きい分だけ、ひとを疎外したり、傷つけたりしかねなかった。私自身がそういった話題で傷つくというよりも、傷つくひとがいるだろう、ということが私には大事だった」（「たのしいことに水と気づく」）という初岡の言葉が沁みる。

　それにしても、「恋澤姉妹」も『恋愛の発酵と腐敗について』も、遡れば『感情教育』も、目黒さんと語りあったなぁ、と思ったら、この原稿を書きながら、めそめそしてしまった。可穂さん、目黒さんも好きだったんですよ。『サグラダ・ファミリア』を目黒さんが熱く推していたこと、ついこの間のことのように覚えている。

「恋澤姉妹」と『恋愛の発酵と腐敗について』は、目黒さんとやりとりしたＬＩＮＥが今も残っている。あぁ、もっともっと話したかったなぁ。面白い本もそうでもなかった本も、本の話はいつでも楽しかった。というか、本の話しかしてなかったなぁ。でも、いいのだ、それで。目黒さん、私の今年のおすすめ恋愛小説の文庫は、この10作です。

日本最長寿の文庫SFレーベル創元SF文庫の還暦を寿ぐ！

大森 望

日本最長寿の文庫SFレーベルはどれ？答えは創元SF文庫。誕生時は「創元推理文庫SFマーク」だが、名前が変わっただけという扱いなので、2023年9月で創元SF文庫はめでたく創刊60周年を迎えたことになる。人間で言えば還暦だが、だとすると私より2歳半も年下だから大したことないか。いやしかし、60年以上も毎月ずっと文庫でSFを出し続けてるんだから、やっぱりえらいぞ創元SF文庫。

その偉業を記念して「創元SF文庫総解説」企画が立ち上がり、公式サイトに全6回連載。新原稿を追加して12月に書籍化予定。同じく60周年を記念して、レーベルの大看板『星を継ぐもの』に始まる〈巨人たちの星〉シリーズの新版も刊行された。『星を継ぐもの』は、英国生まれのジェイムズ・P・ホーガンが1977年にアメリカで出版したデビュー長編だが、80年に邦訳されると人気沸騰。以来40年、なぜか日本でだけずっと愛され続け、旧版は増刷を重ねて104刷にまで到達。今回のリニューアルで、また爆発的に売れているという。また、同書の訳者である池央耿《いけひろあき》氏は、去る10月27日に83歳で死去。なにかにつけ、『星を継ぐもの』が注目された年だった。

しかし、新版といっても中身はほぼ変わらないので（文字遣いや文字組が改められて読みやすくはなっている）、『文庫王国2024』のベストに入れるのは憚られる。では、創元SF文庫の2023年のエース格は——と言えば、3年連続ヒューゴー賞長編部門受賞の栄冠に輝くN・K・ジェミシン〈破壊された地球〉三部作の完結編『輝石の空』を選ぶべきところだが、どうも真面目すぎて肩が凝る。ならば創元SFの柱の一本でもあるアンソロジーから、『ロボット・アップライジング　AIロボット反乱SF傑作選』を……とも思ったが、前年の『創られた心　AIロボットSF傑作選』にくらべるとちょっと弱い。

というわけで、当欄が選ぶ2023年創元SF文庫のベストは、エディ・ロブソンの『**人類の知らない言葉**』と、笹本祐一の新作『**星の航海者1　遠い旅人**』。

前者は英国発のコミカルなSFミステリ。思念を用いて会話する異星文明ロジアと友好関係を築いてから数十年後の未来。

CD・岩郷重力＋W.I

主人公の思念通訳士リディアは、ロジ人の文化担当官フィッツの専属通訳。ロジ語の会話は長く続けていると酩酊する作用があり、仕事で前後不覚になった彼女が翌朝めざめると、そこにはフィッツの遺体が。そのとき、リディアの頭に、フィッツの声が話しかけてくる。ロジ人の思念は死後もしばらくは地上にとどまるのだという。リディアは心ならずも彼と事件の真相を探ることに……。リディアのぼやき芸と、母親のゲームオタクぶりが楽しい。後半には驚愕の展開もあり、特殊設定ミステリ好きはお見逃しなく。著者は78年生まれ。「ドクター・フー」などの脚本も多数手がける。

『星の航海者１ 遠い旅人』は待望の新シリーズ開幕編。主人公は、地球年齢で３０８歳となる銀河連絡記録公社恒星間記録員メイア・シーン。船内で20年の冷凍睡眠から目覚めた彼女は、くじら座τ星にある人類初の植民惑星ディープブルーを２００年ぶりに訪れる……。彼女のキャリアと取材活動を振り返るかたちで、人類の宇宙進出史が語られる。リアルかつポジティヴかつ壮大な宇宙開発ＳＦの開幕だ。

対するハヤカワ文庫ＳＦのイチ推しは、中国生まれのカナダ人、シーラン・ジェイ・ジャオの第一長編『**鋼鉄紅女**』。日本製のＴＶアニメ『ダーリン・イン・ザ・フランキス』（18年放送）に触発されたというライトノベル系巨大ロボット格闘ＳＦの快作だ（21年刊）。もっとも、舞台は中華風異世界（華夏《ホワシア》）だし、メカ（霊蛹機）は〝気〟で動かすし、登場人物の名前その他も中国ネタ。男女ペアでメカに搭乗する設定以外、それほどダリフラ味はない（むしろ若干のエヴァ味がある）。敵は2千年前に宇宙から襲来した巨大生物・渾沌《フンドゥン》。人類はその死骸からつくりだした巨大ヒト型兵器で

SFベストテン

1. **鋼鉄紅女**
シーラン・ジェイ・ジャオ、中原尚哉訳／ハヤカワ文庫SF
2. **マシンフッド宣言** 上下
S・B・ディヴィヤ、金子浩訳／ハヤカワ文庫SF
3. **金星の蟲**
酉島伝法／ハヤカワ文庫JA
4. **グラーフ・ツェッペリン** あの夏の飛行船
高野史緒／ハヤカワ文庫JA
5. **チク・タク・チク・タク・チク・タク・チク・タク・チク・タク・チク・タク・チク・タク・チク・タク・チク・タク・チク・タク**
ジョン・スラデック、鯨井久志訳／竹書房文庫
6. **アナベル・アノマリー**
谷口裕貴／徳間文庫
7. **人類の知らない言葉**
エディ・ロブソン、茂木健訳／創元SF文庫
8. **コスタ・コンコルディア** 工作艦明石の孤独・外伝
林譲治／ハヤカワ文庫JA
9. **星の航海者 1** 遠い旅人
笹本祐一／創元SF文庫
10. 半村良"21世紀"セレクション1 **不可触領域／軍靴の響き**【陰謀と政治】編
半村良／徳間文庫

CD・岩郷重力＋A.T

立ち向かう。主人公は辺境の娘、則天《ゾーティエン》。人類解放軍に入隊し、妾女《しょうじょ》パイロットに志願するが……。訳文も含めノリノリのアクションと訓練と三角関係が楽しい。

　新作の海外SF長編でそれとベストを争うのが、インド生まれの米国人、S・B・ディヴィヤの第一長編**『マシンフッド宣言』**。時は2095年、多くの職がAIやロボットに任され、高度専門職にあぶれた人間は低賃金の請け負い仕事《ギグ》で食いつないでいる。元海兵隊特殊部隊員《レイダー》のウェルガは加速錠《ジップ》や集中錠《フロー》などの錠剤《ピル》で能力を強化し、民間の警護要員《シールド》としてチームを率いるが、〈機械は同胞《マシンフッド》〉と名乗る謎の勢力に対象者を暗殺されてしまう……。

　ハリウッド的なアクションとアクチュアルな問題を掛け合わせ、壮大なサスペンスを紡ぐ野心的な大作。大量のアイデアと情報が詰め込まれ、読むのに時間がかかるが、基本は王道のSFエンターテインメント。あくまでポジティヴなラストが清々しい。22年のネビュラ賞最終候補作。

　一方、ジョン・スラデック**『チク・タク（以下略）』**は、邦訳が待望されていた1983年刊の超破天荒なロボットSF長編（原題はTik-Tok）。語り手は、『オズ』のキャラにちなんでチク・タクと命名された家庭用ロボットだが、なぜかアシモフ回路が作動しないサイコさん。隣家の盲目の少女を殺してその血で壁に描いた絵が地元の美術評論家に認められてロボ画家としての道を歩き出す。自分の絵に高値がつくと知ったチク・タクが数十台のロボットを使って絵を量産しはじめるあたりは生成AIを連想させる。そうやって成功の階段を登りつめる裏で、チク・タクは悪逆非道の限りを尽くす。社会派的な要素もあるが（ロボ版公民権運動とか）、SF界随一のひねくれ者スラデックだけあって、真面目な方向には進まず、ひどすぎる下ネタや無意味なグロ描写ですべてを台なしにする。いいぞ、もっとやれ！

　日本の新作SF長編では、高野史緒の文庫書き下ろし**『グラーフ・ツェッペリン あの夏の飛行船』**がすばらしい。原型は、AmazonのKindle Singleから2018年に出た『グラーフ・ツェッペリン 夏の飛行』。フリッツ・ライバーの名作「あの飛行船をつかまえろ」の現代SF版とも言うべきこの瑞々しい作品を鮮やかに長編化したのが本書。

　1929年8月、米国から地球一周の旅に出た世界最大の飛行船グラーフ・ツェッペリン号は、大西洋を横断し、ドイツで燃料を補給。シベリアを越えて、茨城県土浦市に着陸した。約30万の人々がひと目見ようと集まったとか。物語の主人公は、別々の歴史をたどった2021年の土浦に生きる17歳の少年と少女。出会うはずのない二人を、幼い頃この飛行船を見たという不可解な記憶が魔術的に結びつける。青春SFとしてはもちろん、土浦小説としても絶品。

　林譲治**『コスタ・コンコルディア』**は、〝工作艦明石の孤独・外伝〟と銘打たれているものの、ワープ可能な遠未来の宇宙という設定が共通するだけで、シリーズからはほぼ独立した単発長編。物語の舞台は植民惑星シドン。150年前の入植時に人間そっくりの原住生物ビチマが見つかり、入植者から家畜同然の扱いを受けてきたが、実は彼らは、ワープ事故により3000年前のシドンに漂着した宇宙船コスタ・コンコルディアの乗員たちの子孫だったことが判明する。その後、同化政策が進んでいるものの、一触即発の状況。そんなとき、ある遺跡でビチマの惨殺死体が見つかる。旧知の弁務官からの要請で、Aクラス調停官テクン・ウマンはシドンに赴くが……。

先住民族差別や文化の収奪などアクチュアルな社会問題を投影しながら、SFならではの角度からひねりを加えた意欲作。

西島伝法**『金星の蟲』**は、「ベストSF2020」1位に輝く短編集『オクトローグ 西島伝法作品集成』の改題文庫化。「環刑錮」は受刑者が巨大ミミズ（みたいな生きもの）にされてしまう禁錮刑の話。文庫版表題作では、現代日本の小さな刷版工場に勤める主人公のリアルな日常が（ほとんどお仕事小説のように）語られる。ある意味、「皆勤の徒」の原型というか、西島SFのつくりかたがわかりやすく表現されていて、入門編にぴったり。ほかに、ウルトラマンとコラボした「痕の祀り」、弐瓶勉『BLAME!』とコラボした「堕天の塔」など全8編。文庫版には各編の「自作解題」と、SFマガジンに16年から連載されているイラストストーリー「幻視百景」の抜粋が追加収録されている。

谷口裕貴**『アナベル・アノマリー』**は、今から22年前、第2回日本SF新人賞受賞第一作として発表された「獣のヴィーナス」に始まる連作。既発表の2編に新作2編を加え、ついに書籍化された。

CD・宮村和生
(5GAS DESIGN STUDIO)

12歳の少女アナベルは、人為的に生み出された最強の能力者。すべてを変容させるその恐るべき力ゆえ、能力発現と同時に撲殺されるが、彼女は何度も甦り、地上に死を撒き散らす。〝少女禍〟と呼ばれるこの異常事態《アノマリー》に対処すべく誕生した組織ジェイコブスは、「世界文学全集」に閉じこもる複合人格Sixの力でアナベルを殺しつづける。今のSFとしても通用する超高密度のサイキックアクションだ。170ページを超える新作「姉妹のカノン」は、他人の記憶に侵入し改変できる能力者・氾雨天《ハンウテン》をフィーチャーする。巻末には伴名練の29ページに及ぶ熱い解説がつく。

同じ徳間文庫の名作復刊路線〈トクマの特選！〉から出た**『半村良〝21世紀〟セレクション1 不可触領域／軍靴の響き【陰謀と政治】編』**は、〈小松左京〝21世紀〟セレクション〉に続く好企画（クレジットされていないが編纂と各編解説は井田英登）。タイトルの長編2作に、〈嘘部《うそべ》〉シリーズ第一作『闇の中の系図』の原型にあたる中編「フィックス」などを併録。東京大空襲の夜を描く短編「怪談桜橋」でラストを締める構成がすばらしい。ポップなカバーイラストは慧子（デザインは坂野公一）、巻末解説はマライ・メントライン。

読めば青空が広がる至福の一冊『天離り果つる国』を推す!

青木逸美

誰かにおすすめしたいほど、熱狂的に好きな対象を「推し」という。「推し」はアイドルに始まり、俳優や声優、スポーツ選手、アニメキャラ、さらには鉄道や建造物といった人間以外にも広がっている。「推し」は日々の疲れを癒やし、人生を豊かにしてくれるのだ。私の「推し」はもちろん、時代小説の中で輝きを放つ登場人物たちだ。

まずは**『天離《あまさか》り果つる国』**(宮本昌孝)の主人公・津田七龍太を推したい。時は戦国まっただ中、舞台は飛騨白川郷。廻国修行中の竹中半兵衛と従者が道に迷い、たどり着いた山荘で血まみれの女人と難を逃れた赤子を見つける。主従は赤子を連れ帰り、七龍太と名付ける。なぜ、惨劇が起こったのか。七龍太は何者なのか。物語はミステリアスに始まる。

半兵衛の愛弟子となった七龍太は、見目麗しき若者に成長する。やがて織田信長の使者として白川郷の帰雲城《かえりぐも》を訪うことになる。白川郷一帯は金銀の産出地であり、密かに鉄炮火薬に欠かせない塩硝も製造されていた。信長の狙いも、この金銀塩硝にあった。帰雲城の城主・内ケ嶋氏理《うじまさ》は七龍太の明るく鷹揚な人柄を好もしく思う。七龍太も氏理に共鳴し、白川郷の人々の素朴な生き方に惹かれていく。七龍太は知らない。この地が生まれ故郷であり、運命の地であることを。

作者は物語に快男児をよく登場させる。本作でも七龍太はもちろん、白皙の美青年で知性派の半兵衛、優しげな風貌の内に剛毅さを秘めた氏理など、推したくなる好男子ばかりで目移りする。男子だけではない。氏理の娘・紗雪の魅力も破壊的だ。姫君でありながら山野を飛び回り、素手で男鹿をねじ伏せる。言動は粗暴だが、ちらりと見せる純情がいとおしい。

本作には歴史上の人物も登場し、様々な逸話が盛り込まれ、戦国武将の勢力図や時代の変遷が浮かび上がる。しかし、主役はあくまで白川郷で生きる人々だ。信長も秀吉も家康も、白川郷を手に入れようと襲いかかる。氏理は生き残りをかけて、他者から支配されない「独立」をめざす。七龍太は半兵衛ゆずりの神算鬼謀をめぐらし、白川郷の窮地を救う。その勇姿に紗雪は心引かれ、いつしか二人は恋に落ちる。ところ

装丁・芦澤泰偉

時代小説ベストテン

1. **天離り果つる国**　上下
宮本昌孝／PHP文芸文庫
2. **流人道中記**　上下
浅田次郎／中公文庫
3. **化け者心中**
蝉谷めぐ実／角川文庫
4. **銀閣の人**
門井慶喜／角川文庫
5. **乱都**
天野純希／文春文庫
6. **義経じゃないほうの源平合戦**
白蔵盈太／文芸社文庫
7. **乱鴉の空**
あさのあつこ／光文社時代小説文庫
8. **心淋し川**
西條奈加／集英社文庫
9. **あしたの華姫**
畠中恵／角川文庫
10. **土下座奉行**
伊藤尋也／小学館文庫

が、この恋にはとんでもない悲劇が待ち受けていた。絶望に心塞がれ目の前は真っ暗になる。だが、ここで挫けてはいけない。宮本昌孝の物語が、ただの悲劇で終わるはずがない。読後に広がる青空を信じてほしい。読んで悔いなし、至福の一冊だ。

　浅田次郎作品のイチ推しは、**『流人道中記』**の青山玄蕃《げんば》で決まりだ。万延元年、姦通の罪を犯した玄蕃は切腹を言い渡されるが、「痛えからいやだ」と拒否する。困り果てた奉行らは、玄蕃を蝦夷松前藩の大名預かりとし、見習い同心・石川乙次郎が津軽まで押送《おうそう》することになる。武士が切腹を拒否するとは言語道断。しかも、よりによって姦通罪だ。乙次郎は玄蕃を「ろくでなしの破廉恥漢」と決めつける。ところが、玄蕃はなんとも魅力的な男なのだ。幕府が扱いに困るほど身分は高く、立ち姿も所作も美しい。その反面、だらしなくて豪放磊落。道中知り合う人々に慕われ、厄介ごとは見事に捌いてみせる。乙次郎は思う。玄蕃はほんとうに罪人なのか？

　罪人と押送人の旅は、当時の法制度と向き合う旅でもある。何年も父の仇を追う侍、無実の罪を着せられた少年、お尋ね者の大盗賊。法に縛られた人々の苦悩を目の当たりにして、乙次郎は考える。天下の御法より玄蕃のほうがずっとありがたい。玄蕃が家を捨ててまで、なぜ生き恥を晒すのか。旅の終わりに、その真実が明かされる。空のように海のように、玄蕃は大きい。乙次郎が涙したように、私も泣いた。この後、歴史は大きく動く。玄蕃は函館でどう生きるのか。気になって仕方ない。

　江戸時代、庶民の推しといえば歌舞伎役者だった。**『化け者心中』**（蝉谷めぐ実）は芝居小屋が舞台の時代ミステリー。謎を解くのは超絶美形の元女形魚之助《ととのすけ》と鳥屋の藤《ふじ》九郎《くろう》だ。蠟燭だけの暗闇で台本の前読みを行っていた車座の真ん中に生首が転げ落ちた。蠟燭の火が消えた瞬間、咀嚼音とともに生首は消え失せる。血と肉片を残したまま……。ところが、被害者は見当たらない。さては鬼の仕業か。座主に請われ、魚之助と藤九郎は「鬼探し」に乗り出す。

魚之助は熱狂的な贔屓に両足を切られ、舞台に立てなくなる。藤九郎は魚之助の我が儘に耐え、悪態を受け止め、足代わりとなって支え続ける。憎らしいのか愛しいのか、二人の道行きはじれったい。心地よいリズムで綴られる、芝居者たちの執念と葛藤は、鬼よりずっと恐ろしい。

『銀閣の人』（門井慶喜）は優柔不断と呼ばれた、室町幕府八代将軍・足利義政が主人公だ。義政の評判はすこぶる悪い。治国の才は皆無で、あらゆる大名を服従させられず、好き勝手に跡目争いを起こさせ、自分の継嗣問題も解決できない。趣味に明け暮れるだけの暗君である。しかし、義政は卓越した審美眼を持ち、美を見極める力で「政治に勝つ」という野望を胸に秘めていた。戦が終息したら、美の粋を尽くした「銀閣」を造営する。それが第一歩のはずだった。思いに反し、戦はだらだら十一年も続き、京の都は焦土と化す。

将軍の権威は地に落ち、軍資金は底をついた。銭がなければ造営はできない。それでも義政は諦めない。窮地の中で生まれた「不足の美」は、わび・さびとなって東山文化に昇華していく。人は永遠に生きられない。永遠に続く政治もない。でも、永遠の文化ならあり得るのだ。義政が執念で生み出した住宅様式は日本建築に大きな影響を与え、いまも残っている。

CD・原田郁麻

『乱都』（天野純希）は応仁の乱から室町幕府の終焉まで、権力という魔物に魅入られた男たちを描いた連作集。第一話の「黎明の王」は最初の戦国大名、畠山義就《よしひろ》の生き様を描く。義就は遊女の母に捨てられ、畠山家に迎えられる。しかし、出自の卑しさから跡取りと認められず、家督争いに巻き込まれる。ついで、将軍家でも義政の弟・義視《よしみ》と息子・義尚《よしひさ》が跡継ぎ問題で対立。この争いに細川勝元と山名宗全が介入し、全国の大名を巻き込む大乱となる。

義就は将軍家と与することなく、自力で河内全土を平定する。いずれ天下を取り、京に巣くう権力という魔物に打ち勝つため、義就は戦い抜いた。義就の物語は、天狗に導かれ乱世を駆け抜けた細川政元に引き継がれ、信長の武力で将軍となった足利義昭に繫がっていく。やがて天下は秀吉のものとなり、権力は大坂に集まる。京は〝魔物〟から解放され、義就の夢は現となった。

『義経じゃないほうの源平合戦』（白蔵盈太）は源頼朝と義経に挟まれた〝じゃないほう〟範頼の奮戦記だ。頼朝が平家打倒を唱えて挙兵したとき、義経はいち早く馳せ参じた。範頼は半年後にのこのこ訪れ、頼朝に冷たくあしらわれる。「やっぱり、鎌倉なんかに来るんじゃなかった」。範頼の人生は後悔の連続だ。そのうえ、嫌な予感だけはすごい確率で的中する。爽やか好青年の義経は、純粋無垢で何も考えていない。戦だけは滅法強く連戦連勝だ。なぜか総大将に据えられた範頼は、頼朝兄様の無茶ぶりに翻弄され、義経の無鉄砲さに頭を悩ます。己の仕事は「もめ事処理と飯の手配」と思い定め、事務作業に没頭する。物事は範頼の関係ないところで勝手に進んでいく。平家が滅亡し、義経が追放され、またもや嫌な予感が範頼を襲う。地味で堅実な範頼が、最後にかました造反に胸がすいた。範頼は私の新たな推しになった。

　十七年推し続けた「弥勒」シリーズは**『乱鴉の空』**（あさのあつこ）で文庫も十一冊になる。もう殿堂入りでもいいかな……と思っていた矢先に、驚愕の展開が！　定町廻り同心の木暮信次郎が姿を消したのだ。遠野屋清之介は岡っ引の伊佐治と、信次郎の行方を追うことになる。

　これまでは、かつて闇に生きていた清之介に信次郎が付き纏い、ねちねちと追い詰める。ところが本作では、追う者と追われる者が逆転する。ページをめくってもめくっても、推しが出てこない！　信次郎はどこに行ったの？　最後に明かされる真相は、清之介の信念を揺るがすものだった。まさかの展開に心拍数が爆上がりだ。

CD・泉沢光雄

『心淋《うらさび》し川』（西條奈加）は、人情時代小説の真骨頂だ。江戸の片隅に流れる、小さなどぶ川沿いの貧しい長屋には、様々な事情を抱えた人々が暮らしている。好いた男と添うことができず、川面を見つめる十九のちほ。一つ長屋に囲われている四人の妾たち。喧嘩で一流料亭を追われた板前。それぞれの屈託が川に沈んで滞っていた。でも、人間は存外逞しい。懸命に生きて転機を迎える姿は、心に小さな灯りをともす。

『あしたの華姫』（畠中恵）の華姫は人形遣いの月草が操る木偶人形。愛らしくて賢くて機転が利く。真実を告げる井戸の水からできた目を持ち、「まこと」を語ると大評判だ。「お華追い」と呼ばれるファンまでいて、見世物小屋は客が引きも切らない。厄介ごとや事件が起こると、華姫の不思議な目が真実を見抜いて鮮やかに解決する。とはいえ、華姫は人形だ。推理も語りも月草のはず。でも、華姫には意思があるとしか思えない。二人の魂が共鳴し、一体になっているに違いない。このたびの騒動は跡目相続だ。二人は見事に納めることができるのか?!

　ラストを飾るのは前代未聞の一冊。すべての難事を土下座で切り抜ける**『土下座奉行』**（伊藤尋也）だ。北町奉行牧野駿河守成綱は土下座の達人。手を付く位置は膝先から二寸、角度はぴしりと正三角形。頭を深々下げながら、体幹は一切ぶれない。背筋にはまっすぐ鋼が通り、両足と腰は揺るぎない。惚れ惚れする姿に、人は駿河守を「どげざ奉行」と呼ぶ。菩薩土下座にかまし土下座、居合い土下座、蜘蛛の土下座。次々繰り出される土下座に度肝を抜かれているうちに、悪は成敗され事件は解決する。のちに将軍家慶から土下座御免状を賜り、ペリーと対決するらしい。どんな土下座か見てみたい。

『死にたいって誰かに話したかった』で明日を生きるのだ！

藤田香織

毎年「エンタメってつまり何？」だの「純文学と大衆小説の垣根ってどこ？」だの、難問の答えがわからないと言い続けてきましたが、今年の個人的難問は山本文緒『ばにらさま』をどうするか、だった。いやそりゃ普通に考えたらベストテン圏内ですよ間違いなく。でも、これに順位!? 順位なんてつけられない！ 山本文緒の短編の持ち味であるスパッとした切れ味の良さに加えて、『ばにらさま』には捻りの巧さもある。特に最終話の「子供おばさん」は、何度読み返してもぼーっとしてツーっと涙がこぼれてしまう。そしてこれが最後の小説集だなんて、信じられないよ、とまた何度でも思うのだ。客観的に判断するには感情が溢れすぎてとても難しい。無理だ！

というわけで、悩んだ末『ばにらさま』は「名人」としておススメしたい。あと、早見和真『ザ・ロイヤルファミリー』と、奥田英朗『罪の轍』も「いいに決まってるで賞」という位置付けにして頂きたい！

いやでも、ってなことを書き出すと、「ベストテンの意味とは……」とまた別の問題が発生してしまうので、気を取り直してちゃんと発表して参りましょう。

まず二〇二三年の第一位は、タイトルを見た瞬間、（こんなん読むに決まってるだろ！）と心のなかで叫んだ、南綾子『**死にたいって誰かに話したかった**』。強い。とはいえ、世の中にタイトル（だけ）が強い小説は意外とある。しかし、本書は読んでいるうちに、長年どこにも吐き出せずドロドロの澱のようになった過去の出来事やその時の痛み、苦み、何より溜め込むしかなかった自分の気持ちが整理され、浄化されていくのだ。強くて凄い。

CD・大原由衣

中心人物となる三十六歳の呉田奈月は、この数年たびたび「生きづらいなあ」と口にしている。看護師と医療事務の資格持ちで、常に明るく元気よく他人に接しているのに、友達も恋人もいない。ずっと一人だ。そこへ母が金持ちのインド人と結婚するから、と実家を出て行き、奈月は引きこもりの兄の面倒も見なければならなくなる。

ボロ屋ではあるが東京二十三区内に住む家はある。全く向いていないが仕事もある。痩せぎすではあるものの体も健康で、それは傍から見れば決して「最悪」でも「地獄」でもない。けれど彼女の心の中には「絶望」があり続けている。三十六年間待って、努力もしたのに友達も恋人も夫も子供も手に入らなかった。〈王子様はわたしの前を素通りする。シスターフッドの仲間に入るには見えない足切りライン（基準は容姿、ファッションセンス、知性、そして何より、空気を読む能力）があり、わたしは早々に脱落する。たとえ生き別れの家族がいたとしても、わたし以上に貧乏であるはずだし、未知の才能なんて全身どこを探してもない〉。引きこもっているわけでもなく、人のなかで働いているのに自分の気持ちを話せる相手すらいない、という現実が奈月を蝕んでいるのだ。

物語は、そんな奈月が発作的に立ち上げた「生きづらさを克服しようの会」の活動と、半ば無理矢理会に加わることになったメンバーそれぞれの現状と背景、そして引きこもりの兄・徹との距離感の変化などを描いていく。と書くと「いい話ふう」だが、表面的にはそうでもない。「生きづら会」は、毎回テーマを決め自分の経験を話し、メンバーはそれを遮らず否定せずに聞く形式なので、つらつらと語られる非モテ男の眉を顰めたくなるような思い込みや、准看護師に対する強制わいせつ行為で逮捕された医師の身勝手な暴走や、完璧な人生を手に入れるために逆算して理想に近づく行動を積み重ねてきた女の計算高さを読者も延々聞かされているような心地になる。奈月を含めた其々の「生きづらさ」はまったく異なり、人によっては、まるで理解できない部分もあるだろう。でも、そのむき出しの告白が、綺麗ごとに着地しないままならなさが、だからこそ読み手の傷口に沁みるのだ。こんなタイトルで茶化しているわけでもなく真面目な話なのに、重すぎない

エンターテインメントベストテン

1. **死にたいって誰かに話したかった**
南綾子／双葉文庫
2. **愛されなくても別に**
武田綾乃／講談社文庫
3. **俺達の日常にはバッセンが足りない**
三羽省吾／双葉文庫
4. **何年、生きても**
坂井希久子／中公文庫
5. **ママナラナイ**
井上荒野／祥伝社文庫
6. **できたてごはんを君に。**
行成薫／集英社文庫
7. **満天のゴール**
藤岡陽子／小学館文庫
8. **雨の中の涙のように**
遠田潤子／光文社文庫
9. **留子さんの婚活**
小原周子／講談社文庫
10. **Seven Stories 星が流れた夜の車窓から**
井上荒野、恩田陸、川上弘美、桜木紫乃、三浦しをん、糸井重里、小山薫堂／文春文庫

のもいい。話をする。話を聞く。その話を読む。そうして明日を生きるのだ。

二位は武田綾乃**『愛されなくても別に』**。主人公である宮田陽《ひ》彩《いろ》と江永雅は、共に問題のある親のもとに生まれた。浪費家の母親のためにアルバイトをかけもちし、学費を工面するだけでなく、生活も支える陽彩。父親は殺人犯で、あいつもヤバいと噂

CD・岡本歌織
(next door design)

されている二歳年上の雅。同じ大学で同じバイト仲間でもあったふたりの関係性を描いた、それこそシスターフッド小説で、タイトルは「親から愛されなくても別に生きていける」とも受け取れる。が、だからといってふたりが親を愛していないわけではない点が、たまらなく刺さる。

客観的に見れば、先述の「生きづら会」のメンバーたちより、陽彩と雅の置かれた状況はよほど酷い。しかもふたりはまだ学生だ。出来ることは限られているし、呪縛は簡単に解けない——と、思わせたところからの吹っ切り方が頼もしく、光へ駆け出して行くような爽快感すら感じられる。

ぜひ中高の図書館に置いて欲しいなぁ。

続く第三位の三羽省吾**『俺達の日常にはバッセンが足りない』**は、前二冊の主人公たちに比べると、テキトーに毎日をやり過ごしているように見える者たちの群像劇だ。高校中退以来、ろくに仕事が続かない〈馬鹿で短絡的ですくいようのないロクデナシ〉なエージは、かつてよく通っていたバッセン＝バッティングセンターが無くなっていることを知り、「俺達の日常にはバッセンが足りない」と騒ぎ出す。街中で喧嘩し逮捕され、面倒を見てくれていた女に見放されたエージは、中学時代の同級生シンジの家業である土建屋の寮に居候中。祖父からエージを手伝うよう命じられたシンジを筆頭に、メンズキャバクラの店長ダイキ、信用金庫で窓口をしているミナなど地元の元同級生たちを巻き込んでいく。

あってもなくても別に大した問題ではないバッセンを作るために動き出すエージやシンジたちもまた、いてもいなくても社会的にどうということもない存在で、なんとなく生きてきた人間がそろそろ腰を据えないとヤバいと思う三十歳という年齢を含めて設定が絶妙だ。多視点で描かれる物語にはミステリー的な仕掛けもあり、何よりバッセンがものすごく魅力あるものに見えてくる。土建屋と野球と家族と友情ロクデナシの青春とくれば、三羽省吾の得意分野で、そりゃホームラン級に決まってるのだ。

四位の坂井希久子**『何年、生きても』**（単行本時『花は散っても』）の磯貝美佐も、生きづらさを抱えて現代を生きる、こちらは三十九歳だ。不妊治療に効果が出ず、なにかと優柔不断な夫と別居し、ネットでアンティーク着物を売り暮らす美佐の日々と、祖母・咲子が遺した手記が交互に綴られていく。美佐が実家の蔵で見つけた三冊のノートと、銘仙の着物、そして美しい少女の写真から展開していく咲子のパートには、現代と比べれば圧倒的に不自由だったであろう昭和初期の恋が描かれる。美佐の現状は、若き日の祖母よりもずっと自由で

あるはずなのに、上手く動き出せずにいるという対比が読ませる。谷崎潤一郎へのオマージュ作という一面もあり、愛情は「定型」に当てはめることなんて出来ないのだとため息を吐いてしまう。つくづく、昭和は遠くなったなぁ。

　五位は井上荒野『**ママナラナイ**』。一位から並べてみると爽やかさとは無縁のタイトルが並んでしまったけれど、爽やか＝良いとは限らないわけで。単行本時にタイトルを見た瞬間想像した母子ものではなく、年齢を重ねることで変化していく体に戸惑い、そんな自分を持て余しもする老若男女を主人公にした短編集だ。主人公は初潮や更年期、EDといったままならなさに直面するのだけれど、本当にままならないことはまた別にあったりするその不穏さがいい。切り取ってしまえばありえない、と言われてしまいそうなこの「感じ」が、自分のなかにもあると思う人は意外と多いかと。

　六位は行成薫『**できたてごはんを君に。**』。四話からなる滋味なうまさが広がる連作短編集だ。今や美味しいもの小説は大人気で刊行点数も多いけれど、人情ほっこりいい話なだけでは物足りないのもまた事実。地方都市の同じ地域にある、かつ丼、カレー、ラーメン、パンの店が舞台になっている本書は、「美味しい」に、少しシビアな商売要素も加味されているのが読みどころ。四話を繋ぐ仕掛けも効いている。姉妹作となる『本日のメニューは。』から更にパワーアップしたまさに活力本。

CD・高橋健二（テラエンジン）

　七位藤岡陽子『**満天のゴール**』と八位遠田潤子『**雨の中の涙のように**』は、いいいいと噂は聞く作者だけど、まだ読んだことがない、という人にマスト本としておススメしておきたい。現役の看護師でもあり、デビュー以来「生きる」ことの意味を繰り返し問いかけてきた藤岡陽子の作品のなかでも『満天のゴール』は死に向かって描かれている点が白眉だ。多くの人にとって、「考えたくない」その日が来るまでの不安や怖れを誤魔化すことなく掬い取り、波立った気持ちを静めてくれること確約。

　対して遠田潤子の『雨の中の涙のように』は八つの章ごとに視点人物が変わる連作短編集で、住む場所も年齢も経歴もまったく異なる、生きることに不器用な男たちが主人公。読み進めるうちに、各話に登場する、スター然とした芸能人・堀尾葉介をもっともっと知りたくなり、最終章で打ちのめされる。この衝撃。いやー、やはり心温まるだけじゃ終わらないのが遠田潤子だ。

　九位、小原周子『**留子さんの婚活**』は、四十五歳になる息子の嫁探しに奔走する母親の物語だ。でもその「婚活」は、そう単純な話ではなく、非常に切実である意味闇深い。恐らく大半の読者が（いやいやそれは……）と思うはず。でも、これを描くことに感嘆してしまうのだ。ぜひ憶えておいて欲しい作家でもある。

　そして十位は豪華寝台列車「ななつ星」を舞台にしたアンソロジー。華やかなだけでなくひと癖ある作家陣！　年末年始の旅の供＆人生の友にも心強い一冊。

とり・みきの SF大将 2023年文庫篇

2023年 マンガ界は迫り来る 生成AIの脅威に 戦々恐々となっていた
やや
TIK-TOK
チク・タク・チク・タク・
チク・タク・チク・タク・
チク・タク・チク・タク・
チク・タク・チク・タク・
チク・タク・チク・タク
どっかで見たことのある絵と思ったら
コレはオレの絵も素材にしやがったな!?
しかし技術革新を止めることはできない……
カチャカチャ
ならばこれまでの自作の絵だけを読み込ませて……
おお!オレのタッチで生成された背景が!?
じゅうぶん使えるな…
とゆーわけで下手なだけで金ばかり食う人間のアシはクビ!
え———!?
ごくろうさま
とはいえいなくなってみると雑用とかムダ話相手としてリアルアシは必要だったなあ…
一人だとついなまけちゃうし
などといっていたら恐ろしいスピードで技術が進歩して
じゃーん
背景だけでなく下描きからオモセンさらに雑用もやってくれるロボットが誕生した!

どっかで会ったことある？
イイエ先生
いや微妙なペンタッチの癖まで再現してくれて気はきくしメシもうまい
こりゃいい買物だ
ツマランネームダナ……
どれSNSの評判はと…
ちぇっあいかわらずろくなこと書いてねえな
プス
テレ・メケ先生の連載マンガ
突如面白くなって一〇〇〇万部突破！
しかし驚きました
先生の代わりにまさかあなたがこの1年連載されていたとは!?
不幸ナ事故デシタガ読者ニショックヲ与エマイト思イ
おいウチの連載陣もロボットに総とっかえだ！
ヨンデー
こうしてあっという間に人間のマンガ家はいなくなり
すべてのマンガをロボットが生成するようになった
これがデジャヴ？とい体験をしました
最近ゴキブリを見たときの驚き方を覚えまし
油性マジックで落書き
なにがいいといって
全員締切をきっちり守ってくれることだ！
もっと早く切り換えりゃよかったなあ
人気マンガロボによる殺人が発覚!!
アシモフ回路故障か!?
ヴォミィサ〜
えらいことだな
こいつだけのバグならいいんだが…
編集長大変です！
連絡が取れず行方不明のロボットが続々と！
なにっ!?
残ったロボットもだんだん人間に近づいていったという
新シイ半導体食ワシテクレナキャ描ケナイ！
こんな夜中じゃムリですセンセ

サッカー好き書店員匿名座談会

乱世の文庫売り場を制したのは、信頼の厚い出版社だった！

★観測史上最高の酷暑の中、まさかの倉庫移転トラブルで出荷不能のレーベルも。マイナス成長が続く文庫本は、目が合う表紙がトレンドだ?!

A　文庫全体の売上としてはマイナスの一年でしたね。

B　残念ながら…。

A　ただ、ちょっと下げ止まり感はありますかね。

B　雑誌もそうなんだけど、全体的にわりと下げ止まってる感じはありますね。

C　あと単純に単価が上がっているというのもあります。

A　売上冊数は減っているんですが、売上はトントンみたいな感じはあるかも。

B　文庫ももう千円越えが珍しくないから。

C　レジで二度見しちゃうときありますよ（笑）。お客様もびっくりしてたり。

A　今年の文庫売り場といえば積み込み協定が続々となくなっていて…。

B　なくなったねえ。

C　かつては本が届いても売り場に出せず、発売日のルールを守らなきゃいけなかった。先出しなんてしたら近隣の書店からチェックが入って叱られましたよ。

A　角川がなくなり…。

B　集英社もなくなったでしょう?

A　お店に着いたらどんどん並べてよくなりました。

C　おかげで楽になりましたよね。

A　これまで文庫担当が夜に残業して出すか、朝早めに来て開店前に並べたりしていたんですが。

B　流通の問題らしいんだけど、売り場としては楽になったよね。

A　そうはいってもまだ協定の文庫もあって。

C　中公…。

B　徳間…。

A　講談、小学館、ポプラ…。

C　文春…。発売日そんな気にするか?という出版社も紛れ込んでますが（笑）。

A　自意識過剰な中学生みたいな（笑）。

B　基本的には協定って全国の発売日の差をなくすためにあるんですよね。人気のラノベやBLは協定のままです。

C　順位を決めていきましょうか。

B　例年ならまず新潮と文春なんですよ。ところがその新潮、文春がベストセラーを出せてない。

C　全国データでは、1位が東野圭吾『クスノキの番人』で実業之日本社文庫。2位が辻村深月『傲慢と善良』で朝日文庫。そして3位が湊かなえ『カケラ』で集英社文庫。新潮も文春も…。

B　ぐっちゃぐちゃですよ、これ。

C　文春や新潮を何位にするかが、最初のキーになってきますかね。

A　あと去年2位の中公文庫の扱いですね。

C　中公は、今年もすごいがんばってますよ。引き続き『三千円の使いかた』を売り伸ばし。

A　なんと言っても本屋大賞の『52ヘルツのクジラたち』があります。

B　浅田次郎『流人道中記』もあるからね。

C　52ヘルツが3000ヘルツぐらいな感じになってます（笑）。

A　聴力検査みたい（笑）。

B　中公の評価は高い。

A　一点だけダメ出しすると、伊坂幸太郎『シーソーモンスター』が螺旋プロジェクトの帯だったんですよ。

B　そうそうそう！

A　思いのほか売れないってことで、途中から「やっぱ伊坂幸太郎帯に差し替えます」っていう事件がありました。

B　螺旋帯はいらなかったね。

A　8作家の競作の螺旋プロジェクトを伊坂幸太郎ありきで引き上げたかったと思うんですけど、逆に螺旋プロジェクトに引きずり落とされてしまいました。

B　螺旋プロジェクトで伊坂幸太郎、朝井リョウを最初に出したんだけど、共倒れになってるんですよ。普通に出していればもっとよかったはずですね。

C　『シーソーモンスター』と集英社の『逆ソクラテス』の売上の差を見ればその失敗は明らか。

A　それ以外は中公はもともと仕掛け上手だったから。

C　親会社の読売新聞を上手に使って、新聞広告を打ってるのも効果大きいですね。

A　でも総合力でいったら1位は新潮かなとも思うんですけど…。

B　うちは構成比でみると1位が文春なんですよ。馳星周の直木賞受賞作『少年と犬』や村上春樹『一人称単数』もあるし、文春のほうが圧倒的。

A　新潮は『正欲』や『母性』、『世界でいちばん透きとおった物語』がありますね。

C　勢いの中公か、総合力の新潮、文春か。

B　まあ中公は在庫をあんまり切らさないんだよね。売れてるものは基本的にほぼ満数で入ってくるから全国どこでもどの規模でも売りやすい。

C　新潮と文春はそこは弱いかもしれません。

A　中公への信頼は厚いです。

C　Bリーグに刺激を与える意味でも、今年は中公が1位でいいんじゃないですかね。

A　では二〇二三年文庫Bリーグの1位は中公にしましょう。

C　チーム名は「ちゅ～こ～3000ヘルツ」。

A　2位は新潮ですかね。nexから知念実希人が実日へ禁断の移籍をしちゃいましたが…。

B　大騒ぎになったけど意外に新潮文庫の全体には影響ないんじゃないかって気もするけど。

C　新潮社はいつもえげつない販促物を作ってくるんですが、去年話題にした「8億円売れているどんでん返し！」が、X（旧Twitter）で炎上してました。

A　トップにいる出版社がいつまでも垢抜けないっていうのは大事なことですよ。

B　新潮でいうと、今年、夏フェ

B1LEAGUE2023シーズン最終順位

順位	文庫&チーム名	総評
ABCL ↑1位	中公文庫 ちゅ〜こ〜3000ヘルツ	螺旋プロジェクトはパッとしなかったが『三千円の使いかた』が昨シーズンの勢いそのままにドラマ化ゴールを決める。新刊『流人道中記 上・下』に合わせて『一路 上・下』を提案するなど堅実な戦術で上位をキープ。そして5月に本屋大賞受賞作『52ヘルツのクジラたち』の投入で首位独走。売れている作品がしっかり出庫される所がサポーター（書店員）からも好印象で初優勝を飾る。連覇を狙うなら『52ヘルツのクジラたち』の映画化にプラスしてもう1つ2つ活躍する作品が欲しいところ。
ABCL ↑2位	新潮文庫 新潮スケルトンワールド	『母性』の映画化や『自転しながら公転する』、『罪の轍』で開幕ダッシュに成功するが徐々に失速。得意の夏場（新潮文庫の100冊）に『オルタネート』、『ぎょらん』、『とわの庭』が活躍したものの『この気持ちもいつか忘れる』が機能せず勝ちきれなかったのが痛い。シーズン中盤から若手nex『世界でいちばん透きとおった物語』のゴールラッシュと来季映画化『正欲』の活躍など優勝してもおかしくない戦力ながら一歩届かず。
ABCL ↓3位	文春文庫 文春AIサエキ	『ある男』、『シャイロックの子供たち』の映像化ゴールラッシュ。映画はコケた『大名倒産 上・下』、直木賞受賞作『少年と犬』も『一人称単数』も活躍。得意のシーズン後半（文春文庫 秋100ベストセレクション）には『夜明けのすべて』、『琥珀の夏』の活躍など名門らしい選手層の厚さで負けない試合を続け優勝争いに絡み続ける。この攻撃陣をしっかり支えていた佐伯泰英の引退が迫っていることと売れている商品をしっかり売るというスタンスのマンネリ化もあり来季は少々不安。
↑4位	集英社文庫 集英逆アナログ	シーズン通して『カケラ』がゴールを量産する。アマプラでドラマ化『エンジェルフライト』の全面帯、千早茜の直木賞受賞のタイミングで『透明な夜の香り』とセットの販売台を投入したのも功を奏した。得意の夏場（ナツイチ）に『逆ソクラテス』が大爆発!! さらに『家族じまい』、『のっけから失礼します』も活躍。ジャニーズ問題で味噌が付いたが映画化『アナログ』もゴールラッシュを決める。『恋に焦がれたブルー』、『水を縫う』そしてオレンジ文庫がもう少し活躍すればABCL圏内にも行けたのだが…。
↑5位	実業之日本社文庫 実日知念の番人	隔月刊行の中堅クラブがジャイアントキリングを見せてくれた。ゴールラッシュを決めていた『クスノキの番人』が息切れした終盤に史上最強の文庫まつりフェア効果で得点王を獲得（全国文庫売上1位）。そのタイミングで知念実希人『天久鷹央の事件カルテ』シリーズが新潮スケルトンワールドから電撃移籍したことにサポーター（書店員）も驚いた。この移籍で来季の安定感が増しそうだ。あとはGROWで活躍する作品が出てくれれば安定感が増すと思われる。
↓6位	講談社文庫 護国寺 PUI PUI モルカー	名門クラブながら2015年以来優勝から遠ざかっている。今季も『ノーサイド・ゲーム』、『今度生まれたら』、『半沢直樹 アルルカンと道化師』がゴールラッシュを決めるが連勝に繋がらない。選手層、システムともに優勝争いができるチームながら勝ちきれない理由は昨季ちぃかわ、今季は『人間じゃない〈完全版〉』がPUI PUI モルカーとのコラボで著者の綾辻行人に喜ばれ、夏まつり2023ではディズニーとコラボされたよむーくの呪いなのでは?
↑7位	光文社文庫 音羽シャークス	『暗約領域 新宿鮫11』、『オムニバス』、『アンと愛情』など人気シリーズが出れば既刊をしっかり提案するクラブ（版元）の丁寧な営業スタイルがサポーター（書店員）からの評判も良い。映像化の『ロスト・ケア』も全面帯投入で活躍する。新装版『きんぴか』シリーズに販売台を付けて売り伸ばしするなど細かい努力が感じられる。来季はその努力を知恵の森文庫、古典新訳文庫、未来ライブラリーにも注いで欲しいところ。
↑8位	ポプラ文庫 ポプラライオンズ	『かがみの孤城 上・下』と『わたしの美しい庭』、『ライオンのおやつ』がシーズン通して活躍。『二木先生』や『この夏のこともどうせ忘れる』の全面帯効果も大きい。新戦力『お探し物は図書室まで』は投入7ヶ月後に特別栞入を作るなど細やかなサポートが効果的だった。恒例のあるかしら文庫フェアは良いとしてもミニフェアにまで統一感のある全面帯を使うのは元の表紙が良いだけにやり過ぎの印象。
↑9位	朝日文庫 朝日傲慢ズ	クラブ歴代最高位の9位でフィニッシュ。昨年に続きキスマイ藤ヶ谷さんの紹介効果で『傲慢と善良』がゴールを量産して得点王ランキング独走していたが今シーズンも帯コメントが得られずシーズン終盤2位に落ちてしまう。『できることならスティードで』、『まぬけなこよみ』、『スター』など新戦力を投入しているがなかなか機能しない。そんななかで『天才はあきらめた』がシーズン通して活躍。来季はもう少し戦術（POPコメントに力を入れるなど）を練れば今季と同じ9位をキープできるかもしれない。

順位	文庫／クラブ	寸評
↑10位	宝島社文庫 宝島モンスターズ	4年ぶりのB1を10位でフィニッシュ。クラブ得点王の『怪物』がチームを牽引（NFT版は惨敗だったが…）。ピンポイント仕掛けが得意なクラブにマッチした『レモンと殺人鬼』が活躍したのも大きい。『月曜日の抹茶カフェ』、『木曜日にはココアを』といった青山美智子作品が売れるなどこのクラブには珍しく1年通して安定した戦いができた。来シーズン早々に『怪物の木こり』の映画化もあり、今季活躍しなかったSUGOI文庫が活躍すればB2降格の心配はないのでは？
↓11位	幻冬舎文庫 ミトマノイチミリヨリマスダミリ	今季は『リボルバー』や『二人の嘘』がチームを牽引。昨シーズンからクラブマスコットを益田ミリのイラストに変えたからなのかパワープレー（強引な送り込み）が若干減った印象。その益田ミリ『47都道府県 女ひとりで行ってみよう』に書店オリジナル全面帯を作るなどクラブとしての努力を怠らないところは好感が持てる。シーズン終盤に第14回エキナカ書店大賞を『ニッポン47都道府県 正直観光案内』が受賞したので来シーズンはもう少し上を目指したいところ。
↑12位	スターツ出版文庫 京橋テンセイズ	初のB1は12位でフィニッシュ。昨シーズンに続き『鬼の花嫁』シリーズがチームを牽引。さらに今シーズンは『交換ウソ日記』の映画化、シーズン終盤は来シーズン公開の『あの花が咲く丘で、君とまた出会えたら。』がスチール帯で活躍をする。ダントツで読者層が若いこのクラブの活躍が今後のBリーグの存続に関わってくるのかもしれないと思いつつ「タイトルも表紙も同じに見える」とベテランサポーター（書店員）が苦悩しているとかしていないとか…。
↓13位	双葉文庫 逆転タバブーズ	Netflix『赤ずきん、旅の途中で死体と出会う。』の映像化ゴールラッシュや『逆転美人』の仕掛けゴールはあったが昨シーズンより順位を落とす。鉄壁の時代小説DF陣から仕掛け展開一発勝負で仕掛けがコケると負けが続くギャンブル性の高い戦術から脱却するべくスタジアム（書店）に応じて棚前平台で売れる商品や仕掛け作品を提案する柔軟性のあるスタイルに変わりつつある。堅実さが増したが面白味は無くなった。
↓14位	ハルキ文庫 はるきのちいむ落日	『警視庁追跡捜査係　不可能な過去』、『東京湾臨海署安積班　暮鐘』、WOWOWドラマ『落日』の幅広帯が活躍するがDF陣（時代小説）が安定せず順位を落とす。サポーター（書店員）と関係性が良かったクラブスタッフ（出版社営業）の離脱（退職）が影響したのかもしれない。来季はNHK-BSで『あきない世傳 金と銀』のドラマ化や人気シリーズの新刊『日雇い浪人生活録 金の蠢動』の発売で今季不安定だったDFのテコ入れが期待される。
↓15位	祥伝社文庫 祥伝マンパワー待ち	シーズン序盤に発売された『まち』がゴールラッシュ。その勢いに乗って『ひと』が今季も活躍するが、それに続く戦力の台頭がなく徐々に失速。『風の市兵衛　母子草』、『風烈廻り与力・青柳剣一郎　桜の下で』など相変わらずDF陣が安定しているので連敗は少ないが、そのDF陣の高齢化（シリーズの長期化）も気になるところ。昨シーズンに比べミニフェアや既刊掘り起こし提案FAXが淡白になっている印象。ここら辺の改革がないと来季は降格争いになるかもしれない。
B2降格		
↓16位	創元推理文庫 創元マッくらりカエル	昨シーズン4位の躍進から急降下でB2降格へ。年末のミステリランキング3冠『たかが殺人じゃないか』や2014年本屋大賞・翻訳小説部門第1位『HHhH　プラハ、1942年』、新装版『星を継ぐもの』などを投入するが思ったほど活躍せず昨シーズンに続き『流浪の月』に頼る部分が大きかった。また、一部店舗で『蟬かえる』がロングヒットしたそうだが焼け石に水だった。シーズン終盤に投入した『ナイフをひねれば』がこのミス1位になれば来季B1昇格は安泰だが…。
NEW 17位	徳間文庫 トクマの特選？	B1昇格したかと思ったら1年で降格へ。夏場にドラマ化された『ノッキンオン・ロックドドア』が思ったほど活躍しなかったのが痛かった。トクマの特選！の特選感が薄れてしまったのも降格の原因になった。新刊の刊行点数が少ない中に『最後の記憶』など新装版が入るケースも多く新鮮味を感じなかったのも響いた。リーグ違いのキャラ文庫『美しい彼』シリーズが映像化でBL文庫を扱っていない店舗でも大爆発したのが唯一の明るい話題だった。
↓18位	角川文庫 所沢倉庫番を探せ	8月から続く倉庫トラブルにより一時期追加注文の出庫が止まり、これを書いている現在も滞っている。一番酷かったカドブン夏推しの時期に売り場が干からびてカドイカがスルメイカ状態になった。一部サポーター（書店員）が『六人の嘘つきな大学生』や『魂手形』の追加が入ってこないぞ!!」と暴徒化したとかしないとか…。これを受けてBリーグチェアマンから勝ち点剥奪を言い渡されクラブ初のB2へ。戦力だけなら1年で簡単にB1昇格できるだろうが倉庫が完全復旧しないとイカんともし難い。

	順位	文庫&チーム名	総評
B1昇格	NEW 1位	河出文庫 河出キザンデカエシテ	昨シーズン終盤に投入された『さよならの儀式』、芥川賞受賞作『推し、燃ゆ』がチームを牽引。おいしい文藝シリーズも活躍。また『ばかもの』や『交渉人・遠野麻衣子』、『トルコ怪獣記』など補強も怠らず降格1年でB1復帰を果たす。やはりB2では無双できるようだ。ただネイマールのようなシミュレーション（過剰出庫）をする癖がありサポーター（書店員）から「売れるからってこんなに送ってこなくても…」と困らせることも多い。
B1昇格	NEW 2位	ハヤカワ文庫 ハヤカワあわよくば	TikTokクリエイター・けんご効果で『アルジャーノンに花束を』、ひろたつ@読書中毒ブロガー効果で『そして誰もいなくなった』が活躍。シーズン終盤には『未必のマクベス』の再ブレイクを試みるなど新戦力の弱さをベテランでフォローする選手層の厚さは流石といえる。大谷翔平が読んでいる『これからの「正義」の話をしよう』にコメントをいただけたら、映画『名探偵ポアロ：ベネチアの亡霊』原作『ハロウィーン・パーティ』にスチール帯が付けられたらB2優勝できたかもしれない。
決定戦	↑3位	扶桑社文庫 扶桑社フジテレビ別班	『日曜劇場 VIVANT 上・下』が大爆発!! TBSドラマのノベライズをフジテレビ別班が刊行する不思議さを感じる余裕もなく追加手配に大慌てのサポーター（書店員）。さらにWBC効果で『道ひらく、海わたる 大谷翔平の素顔』、助っ人外国人スティーヴン・ハンター『銃弾の庭 上・下』も活躍。売れは微妙もかまいたち山内健司、アルコ&ピース平子祐希の文庫を出すなど派手な戦術で3シーズンぶりのB1決定戦にたどり着く。
決定戦	NEW 4位	小学館文庫 銀座と言う勿れ	『勘定侍 柳生真剣勝負 旅路』や『姉川忠義 北近江合戦心得』のDF陣がチームに安定感を与える。ドラマ化効果で『教場』シリーズ、『映画ノベライズ ミステリと言う勿れ』の派手なゴールやトレンドに乗った原田ひ香『口福のレシピ』ゴールもあった。また「実日知念の番人」のホームを書名にした『銀座「四宝堂」文房具店』も活躍するなどB2のレベルではないことがうかがえる。ただ、キャラブン！の活躍がないのが少々気になるところだ。
決定戦	↑5位	ちくま文庫 蔵前3冊セット	2016年の降格以降すっかりB2に定着したクラブだが今季はヨシタケシンスケ『しかもフタが無い』やブレイディみかこ『ワイルドサイドをほっつき歩け』、森絵都『できない相談』などこのクラブにしては派手さのある攻撃が目立った。とはいえクラブ得点王は今季も『思考の整理学』だった。派手といえば『82年生まれ、キム・ジヨン』の3冊セットを作ったのは驚いた。3冊セットにはメッセージカードが付くとはいえ値段は3冊分の定価…需要があったのだろうか？
決定戦	↓6位	PHP文芸文庫 豊洲猫処方ズ	開幕早々原田マハ『風神雷神』がゴールラッシュを決める。安定の『本所おけら長屋 20』や『おいち不思議がたり 星に祈る』、『婚活食堂 9』も活躍。ドラマ化で期待された『転職の魔王様』はパッとしなかったが第11回京都本大賞を受賞した『猫を処方いたします。』と『伝言猫がカフェにいます』が猫ゴールを決める。2018年のB2降格から苦戦が続いたが選手層も徐々に厚くなってきたのでそろそろB1で戦う姿が見られるかもしれない。
	↑7位	富士見L文庫 富士見アギトギーズふたたび	シーズン早々に映画化、さらに7月からアニメ化された『わたしの幸せな結婚』シリーズが大活躍。「所沢倉庫番を探せ」同様8月には倉庫トラブルに見舞われるが、7位でフィニッシュすることができた。これって『わたしの幸せな結婚』シリーズ以外は大して影響が無いということなのだろうか？
	↓8位	ハーパーBOOKS ハーパー・アチャー、イヴ&ロークのみ	昨年移籍してきたイヴ&ロークシリーズが安定の活躍を見せる。またジェフリー・アーチャーの『ロンドン警視庁内務監察特別捜査班』シリーズもゴールを量産する。S・A・コスビー『頬に哀しみを刻め』、ドン・ウィンズロウ『陽炎の市』も活躍するなど海外文庫の活躍が厳しいなかで健闘している印象。あとは年末のミステリランキング上位に進出すれば昇格争いできそうだ。
	↓9位	メディアワークス文庫 東所沢御用人ズ	すっかりチームの中軸になった『神様の御用人 継いでゆく者』が活躍。『暗闇の非行少年たち』、『軍神の花嫁』なども活躍するが、このクラブも8月に倉庫トラブルに見舞われ失速する。『タイム・リープ 上・下』新装版や『嘘つきみーくんと壊れたまーちゃん』完全版を出すなどまだ若いクラブだと思っていたが創刊から14年も経った事をシミジミ感じた。
	↓10位	毎日文庫 毎日ゴリラズ	昨年に続き今年も11点刊行。新刊が弱い分、山極寿一『ゴリラからの警告「人間社会、ここがおかしい」』、養老孟司・山極寿一『虫とゴリラ』、小川糸『針と糸』や益田ミリ『永遠のおでかけ』など既刊を提案することが多い。堅実といえば堅実だがもう少し刊行点数を増やさないとネタ切れにならないか心配である。

B2LEAGUE2023シーズン最終順位

順位	レーベル	クラブ名	寸評
NEW 11位	春陽文庫	春陽堂復刊ズ	歴史は長いクラブながら初のB2登場。江戸川乱歩文庫シリーズだけではなく新刊の刊行が復活。池波正太郎『錯乱』、司馬遼太郎『花咲ける上方武士道 上・下』など時代小説が活躍。地味ながら積めば売れるので新刊が出ているのを気付いているサポーター（書店員）から重宝されている。
↓12位	ヤマケイ文庫	ヤマケイマタマタギーズ	朝ドラ効果で『牧野富太郎と、山』がゴールを量産する。『山怪実話大全 岳人奇談傑作選』やベテラン『完本 マタギ 矛盾なき労働と食文化』も活躍。『手塚治虫の怪』やシーズン終盤には『岩魚の帰る日 釣りバカたち【山釣り編】 矢口高雄釣りマンガ傑作集』を投入するなどセレクトが絶妙なのが良い。クラブ（出版社）もサポーター（書店員）もビッグクラブになることを求めていないのでこのままで良いような気がする。
−13位	だいわ文庫	だいわごきげん呑んべえず	『50歳からのごきげんひとり旅』が大活躍。『定年後ずっと困らないお金の話』も活躍するなど中高年の読者を狙った戦術が当たる。昨年に引き続き『おいしいアンソロジー お弁当』、椎名誠『飲んだら、酔うたら』など食・お酒エッセイも活躍。『言葉の園のお菓子番 復活祭の卵』など小説も刊行するなど雑学文庫のレーベルながら自由度があるのは良いが棚差しになったときの収まり具合の悪さが気になる所だ。
−14位	竹書房文庫	ローカルホラーズ	今季もジェームズ・ロリンズのシグマフォースシリーズが安定した活躍を見せる。全国の売上をみると『おうちに未亡人』などロマンス系の活躍も見逃せない。また昨シーズン辺りから始まったご当地ホラーも安定した売れをみせB2中位をキープ。全国売上データを見ると『山形怪談』と『滋賀怪談 近江奇譚』が売れているので山形と滋賀県民はホラー好きということなのか？
−15位	二見文庫	二見ブライトン	ベテラン小杉健治『殺される理由 栄次郎江戸暦29』が鉄壁の守備を見せる。アマリー・ハワード『放蕩貴族の花嫁』のヒストリカル・ロマンスゴールで今季もB2残留を決める。佐々木裕一の『公家武者 松平信平』シリーズを「護国寺」に売却以降低迷が続くクラブに伊丹完『大江戸秘密指令』が新戦力として登場。しっかり育てる？ それとも早々に売却？
−16位	知的生きかた文庫	三笠パリピーズ	安定した活躍をみせているというべきか戦力不足というべきか『仕事も人間関係もうまくいく放っておく力』が3年連続クラブ得点王。同じく枡野俊明の新刊『仕事も人生もうまくいく整える力』や『インド式かんたん計算法』、アニメ化&ドラマ化に便乗した帯を付けて『諸葛孔明の兵法』も活躍。また、朝ドラに便乗して王様文庫『面白すぎて時間を忘れる雑草のふしぎ』も活躍。結局便乗ごっつぁんゴールが多いクラブということね。
↑17位	彩図社文庫	彩図社ニシナリーズ	超法規的措置によりB2復活。『ルポ西成 七十八日間ドヤ街生活』に続き『西成で生きる この街に生きる14人の素顔』も活躍。『文豪たちが書いた酒の名作短編集』や『大名格差』など新戦力も活躍。『借金を返すためにマグロ漁船に乗っていました』や『日本で暗躍する外国人マフィア 勃興する新たな犯罪集団』、『金子みすゞ名詩集』など昨シーズンはインパクトに欠けると書いたけど今季も活躍。息の長い活躍をする作品が増えているのかもしれない。
−18位	コスミック時代文庫	コスミックエロチャンバラ〜ズα	既刊の西澤保彦『神のロジック』が一部店舗で仕掛けゴールを決める。安定の霜月りつ『神様の子守はじめました。16』も活躍。さらにシーズン終盤『人間の縁 浅田次郎の幸福論』が活躍するなど比較的攻撃陣の活躍が目立った印象。得意のDF陣は『秘剣の名医』シリーズ、『最強の虎』シリーズの永井義男が活躍した程度でパッとしなかった。
BFL降格 NEW 19位	草思社文庫	アイアンピストルズ	『教師という接客業』、『41歳の東大生』、『21世紀の啓蒙 上・下』など新戦力がプチ活躍したものの『銃・病原菌・鉄 上・下』が相変わらずチームを牽引している辺りにクラブの停滞を感じる。一部店舗で売れている『生き物の死にざま』、『生き物の死にざま はかない命の物語』の拡販をクラブ広報（版元営業）がもう少し積極的にすればB2に残れたのかもしれない。
BFL降格 ↓20位	マガジンハウス文庫	東銀座ステイホームキャッツ	昨シーズンは映画化された辻村深月『ハケンアニメ！』効果でB2でも戦えたが、今季は『美女ステイホーム』と『きょうの猫村さん 8』の2作品しか新刊が無くて非常に厳しかった。マガジンハウス新書と学習まんが『つかめ！理科ダマン』シリーズに力を入れているのが原因か？ BFL降格している間に新刊が出なくなって休刊にならなければ良いのだが…。

ベストイレ文庫2023

控え　浅倉秋成、池井戸潤、くわがきあゆ、夏木志朋、髙田郁（GK）

MVP　辻村深月
得点王　東野圭吾
新人王　杉井光

アがそうでもなかったんですよね。その時期の新刊が弱かったこともあって。今年の夏フェアは集英社が断トツ勝利。『逆ソクラテス』に桜木紫乃『家族じまい』、三浦しをん『のっけから失礼します』もあって、宮本輝『灯台からの響き』も売れた。

C　記録的激暑の夏を一人勝ちでしたね。

A　角川はさっぱりでしたしね。

B　出荷不能になった倉庫以前の問題でした。

C　新潮は夏場にちょっとペースを落として、中公に抜かれたって感じですね。

B　そうかもしれない。2位が新潮。

C　チーム名は「世界でいちばん透きとおった文庫」？

A　「新潮スケルトンワールド」。

C　3位は文春ですかね。佐伯泰英頼みっていうのは、すごくありますけど。

B　それもそろそろ心配です。

C　ポスト佐伯ってもう10年くらい言ってる気がするけど、結局出てこなかった。

A　ほんともうAIでいいですから。AIサエキを作って欲しいです。

C　来年は光文社で新シリーズが始まるみたいですが。

A　文春は今年は仕掛けが少なかった気がしますね。

B　毎月くらいで1点か2点幅広帯にしていて、今は東野圭吾『手紙』をやっています。

A　それがいまいちハマらない。

B　仕掛けじゃないけど森絵都『カラフル』はずっと売れている。平台から外せない。

A　確かに『カラフル』は外せないです。

B　あと映像が多かった。『ラーゲリより愛を込めて』『ある男』『シャイロックの子供たち』、まだなんかあったような気がします。

C　角川以上にメディアミックスされている。

B　『大名倒産』も映画化しましたね。全然ヒットしなかったみたいだけど…。

A　中公の『流人道中記』なんかと一緒に並べてくれと案内してました。

C　それが結局中公のアシストをしたわけですね。チーム名は「文春AIサエキ」。

B　まだAIじゃないじゃん！

A　文春の力でAI化してもらいましょう。

C　さあ4位です。実日をどうするかですよ。『クスノキの番人』というベストセラーがあり、知念実希人がどんどん出ている。

A　でもそれくらいなんですよ。

B　4位はさすがにない。集英社かな？

C　夏場のふんばりが効きました。

B　『カケラ』に『逆ソクラテス』がありますからね。

A　二宮和也がスチール帯になっただけで、ビートたけし『アナログ』も売れましたよね。

B　ジャニーズ問題で二宮が番宣に出られないのがかわいそうでした。波瑠が代わりに一生懸命番宣してましたけど。

C　チーム名は「集英逆アナログ」。

B　じゃあ実日が5位？

C　いや『傲慢と善良』が大ヒットの朝日もどうするか。

A　Kis-My-Ft2の藤ヶ谷太輔が「王様のブランチ」でおすすめしてさらに売れました。

B　そうでしたね。

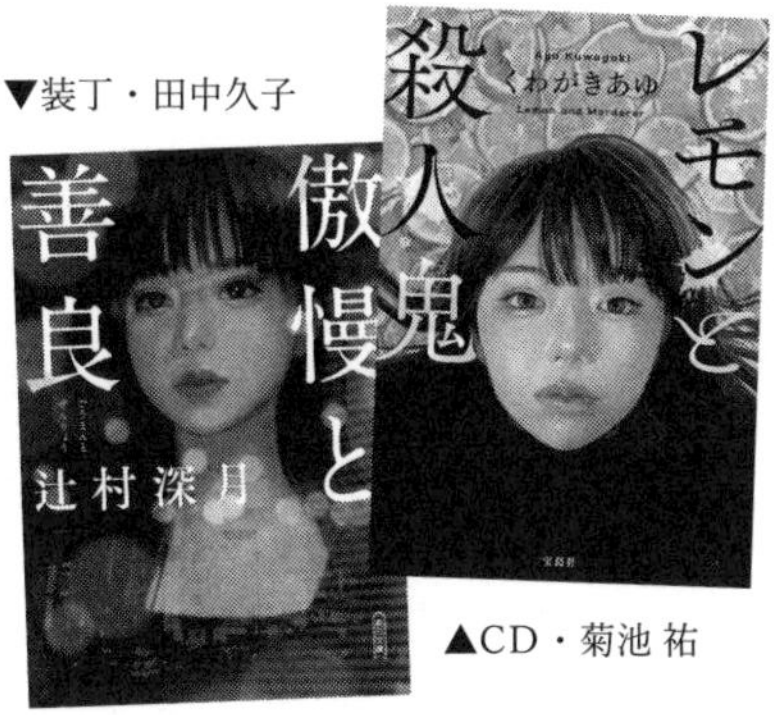

▼装丁・田中久子

▲CD・菊池 祐

A　最近、顔が表紙だと売れますよね？

C　それそれ。『傲慢と善良』もそうだし、『レモンと殺人鬼』もですよ。

A　それ！『レモンと殺人鬼』見て、そう思ったんですよ。

C　あれははっきり言って、99%ジャケ買いですよ。かつては「目が合う表紙」ってそんなになかったんですよ。横顔だったり、後ろ向きだったり。最近はもう顔を真正面に向けてますもんね。目が合うようになっている。

B　朝日と実日だったら実日の方が上だと思う。知念実希人の「天久鷹央」シリーズもあるし。実日を5位にしましょう。

C　大躍進ですね！　チーム名は「実日知念の番人」。

B　6位は光文社？　あっ、講談社か。池井戸潤『アルルカンと道化師』が売れた。

A　講談社は、未だに『十角館の殺人』が売れるんですよね。定期的にSNSでバズる。

C　ひろたつ@読書中毒ブロガーさんの「#最強のミステリー小説10選」で紹介されたりしてね。

A　PUI PUI モルカーとコラボしてました。

B　なにそれ？　知らなかった(笑)。

A　コラボ商品を販売したり、POP立てたりしたんですよ。あと大谷が活躍したんで『運命を拓く』がずっと売れてました。

B　そうそう、中村天風ね。

C　6位は講談社。

A　チーム名は「護国寺PUI PUI モルカー」でお願いします。

C　7位が光文社。『ロスト・ケア』が映画化されたりしました。

B　映画はそうでもなかったけど、映画が決まってからずっと推してました。
A　あと『白銀の逃亡者』。
B　『アンと愛情』に『オムニバス』。タマはあるんだよね、光文社って。
C　ここまですっかり順位に出てこない角川は、本が届かない問題がありましたので。
A　物流をサクラタウンで始めたら、システムのトラブルだかで、まったく本が届かなくなりました。
B　会長問題を置いといても倉庫のことはこっちも死活問題ですからね。
A　『六人の嘘つきな大学生』は売れたんですけど。
B　あれが売れてるタイミングで倉庫がダメになっちゃったんですよ。
A　だから全然入ってこなかったんです。まったく。追加注文をかけても来ない。
C　売れてるのに…。
B　DOTシステムが機能しないから通常ので発注してくれって言われたんだけど、通常のが品切れ扱いになっていて、いつになっても発注できない。
C　これはちょっとチェアマン制裁ですね。B2降格です。
A　ユベントスみたい。
C　角川はB2降格。18位。本がなければ売れません。
B　7位は光文社。久々に『暗約領域　新宿鮫11』が出たので、「音羽シャークス」。
C　そして8位。
B　ポプラ社かな？『かがみの孤城』があるし、小川糸『ライオンのおやつ』もある。
C　幅広帯を作って、いろいろやってもいます。
B　ただ最初の頃ほど売上に影響はない。
A　そろそろ新しいものを考えてほしいところですね。
B　そもそもポプラ社の表紙って悪くないから隠す必要ないんじゃないかなとも思いますね。

デザイン・岡本歌織　next door design

A　『かがみの孤城』は、わざわざ単行本を買うお客さんもいますよね。
C　いますいます。チーム名は「ポプラライオンズ」。
B　松崎しげるが歌いそう。9位は朝日、幻冬、双葉あたり？
C　なんといっても『傲慢と善良』が年間文庫ベストセラー2位に輝いた朝日を9位にしましょう。
A　朝井リョウ『スター』もありましたし、本多勝一の『〈新版〉日本語の作文技術』も幅広帯に変えたりして。
C　チーム名は去年と同じ「朝日傲慢ズ」でいいね。
A　最近は売れると長い。だからチーム名が変わらない。
B　返品率の契約もあるから仕掛けもできない時代で。
A　身も蓋もない話なんですけど売る側に人がいないから売り場に手をかけられない。一応彩りは変えないといけないから、届いたファックスで「パネルとかもついてるし、これを注文して並べておけばいいか」って書店も増えていると思います。
B　人がいないんですよ。レジ込みで、二、三人で回しているお店が普通にあるわけでしょう。どこにPOPやパネルを作る時間があるの？と。
A　家で作るしかないんですが…。
B　でも基本的に今は家で仕事をするなって話になってるし、そもそも給料も出ないのに家でやるのかって話。そうすると出販社の作った販促物を利用することになっちゃいますよね。

C なので出版社には時期を見て販促物を作り直して欲しいですね。傲慢でなく、そこは謙虚に。次が宝島じゃないですか。

B 幻冬舎や双葉より宝島が上ってこと?

A うちは宝島すごかったです。『レモンと殺人鬼』と『月曜日の抹茶カフェ』。それに『怪物』と。

C 去年B1に昇格した宝島がダークホースに。

A 『怪物』の時の営業が怖かった。電話が何度もかかってきて、何度部数を伝えても考え直してくれって。しまいには会いに来ちゃった。

C だからモンスターなんですよ。

A NFT版は同時発売したんですがこれは売れなかったんですよ。他の会社にも言ったんですけど、NFTは売れないからもう作んないほうがいいです。

C 10位「宝島モンスターズ」。

A あれだけ部下に注文を取り直させるって、ほんと営業の部長か何かがモンスターですよ。

B じゃあ幻冬舎が11位かな。『47都道府県 女ひとりで行ってみよう』が普通に売れてます。

A うちはうんともすんとも言わず、テレビで取り上げられてやっと売れました。益田ミリは客層を選びますね。

B 一雫ライオンの『二人の嘘』も売れましたね。

A 尾形真理子『試着室で思い出したら、本気の恋だと思う。』もずっと売れてます。

C チーム名は、「ミトマノイチミリヨリマスダミリ」。

A 言いたいだけ(笑)。

C 益田ミリを十冊読むとセンチな気分になれますよ(笑)。

A 幻冬舎は麻耶雄嵩とかミステリーのどんでん返しのいいものをいっぱい持ってるんだから、それをもっと掘り起こしていけばいいのにと思います。

C 次は12位。双葉、祥伝社? あと去年のB1昇格組だと徳間文庫もあります。

A スターツ文庫も決定戦でB1昇格を決めてます。

C ああ、スターツ文庫はいま爆発的に強力になってますよ。町田ゼルビアみたいに。

B うちはそこまででもないんだけど…。

A うちはスターツ売れてますね。『あの花が咲く丘で、君とまた出会えたら。』とか。年齢層もあるかも。

C 映画化もされました。

B ああ、映画帯あったね。

A コミカライズもしています。

C そういえば創元もありました。前年の4位からどこまで落ちるか…。

A 『失われたものたちの本』がありましたけど、あまり売れなかったですね。

B ジブリの「君たちはどう生きるか」に影響を与えたといわれていたやつ。うちはけっこう売れたけどなぁ。

A いやまあ、売れたは売れたんですけど…。

C もうちょっと売れてもいいって感じだったよね。岩波文庫があれだけ売れたんだから。

B でも創元はオフィシャルじゃないから全面に出せなかったんだよね。それにしてはがんばったほうでしょう。

C 12位はスターツ文庫ですかね。

B 大躍進だ。

C 独自の路線は評価せざるをえない。

A 異世界転生が多いので「京橋テンセイズ」で。でもなんでよりによって転生先が第二次大戦中の日本なんだろう。

B　13位が双葉。

A　どんでん返しの『逆転美人』がありました。

B　続編の『逆転泥棒』も出たし。

C　タイトルが単行本からガラッと変わったんですよね。『あなたに会えて困った』だったかな。

A　『じい散歩』がじわじわ売れてます。

B　『赤ずきん、旅の途中で死体と出会う。』がNetflix効果で結構売れた。

C　「逆転タバブーズ」ですね。

B　仕掛けの双葉も返品率も抑えて確実に売っていく方向にシフトしています。

C　守備的な戦術になっていますね。オランダのような攻撃的な営業を思い出してほしいなと思いますけど。

A　16位までが降格の可能性のあるチームとして考えると、残り2チームが残留で、2チームが降格。

B　ハルキと創元と祥伝社と徳間。この中から降格するところを決めた方がいいかも。

C　横一線ですが…。

A　この4社だったらまず徳間が降格ですかね。

C　上がっては落ちる。エレベーターチーム。

A　原田マハの『本日は、お日柄もよく』と『生きるぼくら』を平積みにしておいてくれってずっと言ってたんですけど、今年はそれさえも言わなくなりました。

B　徳間って販売台用の商品を2点送ってくるでしょ。

C　なかなかハマらないんですよね。

B　残りの3社だとハルキが上かな。ハルキ、祥伝社、創元の順。

C　では14位がハルキ、15位が祥伝社、16位が創元ですね。

B　ハルキは『あきない世傳　金と銀』がまたドラマになるんだよね。

A　NHKのBSですね、小芝風花主演。

C　期待大ですね。

A　あとは湊かなえ『落日』がありました。

C　チーム名は「はるきのちいむ落日」。遠目に見ると落ち目に見えちゃう。

B　祥伝社は「風の市兵衛」シリーズが終わっちゃうんですよね。

A　坂井希久子『妻の終活』がありました。

C　あとは中山七里『ヒポクラテスの誓い』。

B　小野寺史宜『ひと』と『まち』もね。

C　チーム名は「祥伝マンパワー待ち」でどうですか。16位に創元。創元がついに降格に。『流浪の月』に頼りすぎましたかね。

B　「このミス」で1位だった辻真先『たかが殺人じゃないか』はそこそこ売れたけど。

A　あとはホーガン『星を継ぐもの』が新版になりましたが。

B　新版はそれほど売れてるわけでもないんだよなぁ。ここは久し振りに「マッくらり」じゃないかな。

A　櫻田智也『蟬かえる』は売れてましたね。

B　じゃあ「創元マッくらりカエル」に。

C　徳間。

B　本当になにもない（笑）。

C　徳間が一番ヤバいかもしれない。

B　チーム名は「トクマの特選？」ですね。

C　懲罰18位の角川は「所沢倉庫番を探せ」です。

オカタケ&ギョラちゃんの 中公文庫おすすめ㉚冊

対談●岡崎武志・荻原魚雷

岡崎　中公文庫創刊五十周年を記念して四月に東京堂書店が「中公文庫ベスト50」フェアをやったんですよ。

――過去十年間の売上げ上位五十作のフェアですよね。

岡　そうそう。一位が村上春樹『中国行きのスロウ・ボート』で二位が『失敗の本質』（戸部良一、野中郁次郎他）、そして三位がなんと『古本道入門』！

――岡崎武志著！

魚雷　僕、四位にいますね。

岡　梅崎春生『怠惰の美徳』ね。魚雷君が編者だ。

――三位と四位が中公文庫五十周年を語る対談ですね。

岡　吉田健一よりも池澤夏樹よりも武田百合子よりも上やからね。東京堂以外ではありえない（笑）。中公文庫は創刊が一九七三年の六月ですが、この時、オイルショックがあって書籍の売上げが落ち込んだんですよ。世の中が低価格志向になった。あと自社本の流出を防ごうということですね。遠藤周作とか北杜夫とか、元版が中公なのに他社から文庫になっていた。

魚　遠藤周作の『おバカさん』は角川文庫でしたね。伊藤整の『女性に関する十二章』も中公から新書サイズの本が出て角川文庫に入った。で、創刊一周年で中公文庫入り。

岡　中公文庫のイメージとしては魚雷君はどんなふうにとらえてるのかな。

カバー・和田 誠

魚　明治大正のノンフィクションとか、文芸以外のところで何か調べようという時に、すごく参考になるようなイメージはありますね。江戸東京ものとか。歴史が強い感じ。西洋史もそうですけど、老子とか荘子とか。老子は創刊ラインアップに入ってますよね。

岡　そうだね。やっぱり中央公論の社風っていうのかな。七四年に高梨茂という人が文庫の編集長になるんだけど、この人が編集長になって旧書発掘というのかな、古書会館で売られているような歴史書とか随筆とか、そういうものをばしばし中公文庫に入れていくんですね。古本屋が、かなわんなあ、そんなものをっていうくらい（笑）。代表的なのが小村雪岱の『日本橋檜物町』。

魚　ああ、持ってます。中公文庫といえば、という感じですよね。本好きの大学生なら、これは家にあるというのが生方敏郎『明治大正見聞史』。

岡　高梨さんは荷風に唯一気に入られた編集者で、荷風全集を中公から出す時に一任された。編集部員を校閲とか資料室とか、畑違いのところから引っ張ってきて、編集会議なしで月の七、八点のうち二点くらいは好きなことをやっていいよ、と任せていたらしい。これがひとつの中公文庫色を作っていったんですね。僕、九三年までの中公文庫の目録を揃えているんですけど、どんどん太っているんですよ。品切れがほとんどない。

――九三年までは。

岡　九三年が分水嶺で以後は品

切れが増えている。九九年になると千点以上が品切れ。中公文庫は九〇年代の後半から背がベージュから現行の水色に変わった。何かが変わったんですね。

魚　水色以外にも、文芸だと赤とか緑とか紺色とか、いろんな色に。

岡　それで九〇年代の後半に現在の中公文庫の特色である新編集のアンソロジーが出てきた。山口瞳の『禁酒禁煙』とか、吉行淳之介の『淳之介養生訓』、内田百閒の『一病息災』。あちこちから集めて新編集で文庫を作る。最近だと安岡章太郎の『私の濹東綺譚』とかね。新潮文庫で同タイトルがあったんだけど、関係のある随筆を何篇か加えて新編集している。

魚　荷風の『葛飾土産』も。石川淳の荷風をめちゃくちゃにけなすエッセイが収録されている。「葛飾土産」以外の晩年の作品は読むに堪えないって。これは面白かった。普通はそんな作品、入れないですよね。

岡　だよね。それが九〇年代後半から現在までの中公文庫の新しいカラーを作った。その一方、歴史とか江戸・東京ものなどは、品切れになって古書価が上がっていく。たとえば角田喜久雄の『黒岳の魔人』、これは一時期三千円近くになっていた。

――ほお。

岡　復刊されたんですよ。僕がひとりで大騒ぎして（笑）。復刊版の解説を書いたんですけど、古本屋で見つけた時の興奮を書いてる。絵物語で、当時としたら新しかった。中公文庫は元ネタは基本的に「中央公論」か「海」ですよね。

魚　「海」ものは多いですよね。

岡　「海」の産物で「海産物」（笑）。代表的なのは『富士日記』。武田泰淳の追悼特集に武田百合子の日記が載った。これがあまりによくてみんなびっくり仰天して、連載になって単行本になって文庫になった。

魚　没後三十年でまた売れてる。

岡　中公文庫のドル箱だよね。もともと中公文庫は日記が強いんだけど。

魚　大宅壮一とか。

岡　徳川夢声とか、日記の分野でも特色を出してたけど、光り輝くのは『富士日記』ですね。で、もうひとつのネタは「マリ・クレール」。吉本ばななの最初の長編連載が「マリ・クレール」の『TUGUMI』だし、本の特集をずいぶんしてたでしょ。「海」と「マリ・クレール」が油田になって、中公文庫に油を送り続けた時代があった。そういう点では今は油田がないんですよ。中央公論本誌はあるけど、連載小説は少ないし、読売新聞傘下だから読売新聞の連載小説とか。

魚　ちょっと前だと「婦人公論」が文芸というか、新しい作家の登竜門みたいなところはありましたよね。古くは伊藤整もそうだし。

岡　そや、「婦人公論」があるね。まあ、文庫はひとつの受け皿なので、自社の雑誌が手薄になると、アンソロジーに活路を見出した。という印象ですね。魚雷君は中公文庫でアンソロジーを何冊手がけてるのかな？

魚　三冊ですね。最初が梅崎春生『怠惰の美徳』で、次が二〇二二年に出した尾崎一雄『新編閑な老人』。そして最近出たのが富士正晴の『新編 不参加ぐらし』。

岡　富士正晴は驚いた。そんなところで、ベスト30選ぼうか。

魚　創刊からいくと北杜夫『どくとるマンボウ青春記』。創刊十冊の一冊ですね。

岡　創刊だったら、僕は庄司薫の『赤頭巾ちゃん気をつけて』だな。僕たちは『赤頭巾ちゃん』にすごく影響受けたもんね。作文とか日記の文章が全部薫くん。

魚　当時は本当に同時代的な感じもあったんですね。

岡　東京の高校生はみんな、こんなに頭がいいんだと思ってた（笑）。現在、薫くんシリーズはトレードされて新潮文庫からも出てるんですよ。僕はそれがけっこうショックでね。ずっと中公が牙城を守ってきたのに。

魚　野口冨士男の『私のなかの東京』が岩波現代文庫になっていたり、逆に宮脇俊三の『時刻表昭和史』はもともと角川文庫だったり。宮脇さんは生前は自分が勤めていた中公からは出さなくて、亡くなってから文庫も出るようになった。これは僕が特に好きな宮脇さんの本なんですけど、昭和史ということで戦後の食糧難の話とか鉄道と関係のない話がけっこう入ってるから鉄道ファンにはあんまり売れなかったみたいなことをあとがきで回想している。

岡　東京ものはいろいろあるけど、僕が一番親しんでるのは海野弘『モダン都市東京』。これは「海」の連載だけど、一九二〇年代に同時多発的に世界で起こったモダニズム文化が日本でも同様にあったということで、川端康成の『浅草紅団』ね、これは眠ってた名著で、風俗小説というのかな、川端の中で傍流の小説なんであまり評価されていなかったんですよ。それを海野さんがこれはモダニズム都市文学と主張して、中公文庫でも再刊された。そういうムーブメントを起こした非常に意義深い仕事ですね。あとは近藤富枝の『田端文士村』。

装丁・菊地信義

魚　名著ですね。

岡　上京してから、これを持って田端を何度か歩いたしね。『私のなかの東京』とか、東京本を持って東京を歩く楽しみがある。これはマネしてほしいな。

魚　近藤富枝は『本郷菊富士ホテル』もすごく面白い。『馬込文学地図』もいいですね。

岡　東京の文学散歩とか昭和史とかに目覚めたのは中公文庫のおかげと言って過言じゃない。

魚　あとふたりが持ってきた本で重なっているのから言うと、金子光晴『どくろ杯』かな。『ねむれ巴里』『西ひがし』と三部作で、これは学生時代に…。

岡　憧れた？

魚　そうですね。まず放浪という言葉。しかも貧乏旅行だから。僕と岡崎さんはちょうどひと回り違うけど、僕が大学生の時でも金子光晴はまだ人気詩人だった。

岡　七五年まで生きてたから。

魚　しかも吉祥寺のさかえ書房の看板を書いていたり。そういうのがあって中央線に引っ越してきた時にやっぱり金子光晴を読まねばと。

岡　自伝関係だと赤塚不二夫『笑わずに生きるなんて』なんていうのもあるね。

魚　正宗白鳥の文庫で本当に好きなのはエッセイの『今年の秋』で、今日、玄関を出る直前まで『今年の秋』を持って出ようと思ったんだけど、ふと目に入って『文壇五十年』を持ってきてしまった。

岡　自伝やね。正宗白鳥を有名にしたの、実は深沢七郎なんで

中公文庫おすすめ30冊

『女性に関する十二章』伊藤整
『明治大正見聞史』生方敏郎
『富士日記（上中下）』武田百合子
『どくとるマンボウ青春記』北杜夫
『赤頭巾ちゃん気をつけて』庄司薫
『私のなかの東京』野口冨士男
『モダン都市東京』海野弘
『田端文士村』近藤富枝
『どくろ杯』金子光晴
『文壇五十年』正宗白鳥
『言わなければよかったのに日記』深沢七郎
『走れナフタリン少年』川本三郎
『歩行文明』真鍋博
『暮しの思想』加藤秀俊
『風眼抄』山田風太郎
『宗方姉妹』大佛次郎
『新・東海道五十三次』武田泰淳
『渋江抽斎』森鷗外
『詩人の旅』田村隆一
『ノラや』内田百閒

すよ。

魚　そうですね。深沢七郎の『言わなければよかったのに日記』に。

岡　そう。その名著に文壇の先輩として正宗白鳥が出てくる。

魚　「楢山節考」を激賞した正宗白鳥と中央公論新人賞の審査員だった武田泰淳には畏敬の念を抱いていた。

岡　あとね、僕がぜひ挙げておきたいのは川本三郎さんの『走れナフタリン少年』。最初に中公文庫に入ったのがこれなんですよ。その後、映画の本とか続々と入るんですけど。

魚　旅行エッセイとかね。

岡　街歩きとかね。これはサリンジャーから井上ひさし、村上龍までを論じた、非常にすぐれた少年文学論なんだけど、「ナフタリン少年」って今になるとちょっと届きにくい。中身を想像しにくいでしょ。もっと読まれてほしいので、タイトル変えて出し直したらいいんじゃないかなと思うんだけどね。川本さんの中公文庫栄えある一冊めだし。

魚　僕は中公文庫なら、というのだと真鍋博『歩行文明』ですね。最近また街道歩きを始めてから読み返してるんですけど、すごく面白い。あと、一番茶色く変色しているのが加藤秀俊。

岡　『暮しの思想』。これもよく売れたよね。

魚　『続 暮しの思想』というのも出ていて、タイトルは軽いんですけど、たとえば「地図と旅行」という短いエッセイを読むと「ふるくは『風土記』がある」と、地図について古代からずっと語り起こしたりしている。日本文化に関する深い関心と膨大な教養をもとに書かれているので、今読んでも十分通用するんですよね。

『眼の引越』青山二郎
『生家へ』色川武大
『遊び時間』丸谷才一
『編集者冥利の生活』古山高麗雄
「潤一郎ラビリンス（全16巻）」谷崎潤一郎著、千葉俊二編
『文芸誌「海」精選対談集』大岡玲編
『衣食足りて文学は忘れられた!?　文学論』開高健
『史書を読む』坂本太郎
『日本歓楽郷案内』酒井潔
「文学回想（三部作）」中村光夫

岡　加藤さんは学者なんだけど、ベストセラーも出してる。多田道太郎なんかと一緒に広範な仕事をしている人だね。

魚　あとは山田風太郎。『風眼抄』は六興出版から出たエッセイ集なんですよね。ちょっと硬い表紙の新書サイズで富士正晴とかも出していたシリーズなんですけど、それまであまりエッセイを出していなかった山田風太郎がこれでエッセイもすごいと知られるようになった。

岡　一般的には忍法帖だもんね。

魚　でも、これ元版が出たのが七九年で中公文庫に入ったのは九〇年なんだ。

岡　それだけ時間がかかったんやな。山田風太郎のエッセイが評価されるようになるまで。

魚　なにか困ったら山田風太郎のエッセイをどれかしら読むという感じになった（笑）。

岡　中公文庫は単行本をそのまま文庫化するんじゃなく、ちょっと手をいれるでしょう。それでいうとこれは中公文庫に入ったから読んだと言えるのが、大佛次郎の『宗方姉妹《むねかたきょうだい》』。角川で一度文庫になってるんだけど、序章を加えて再文庫化した決定版なんです。

――カバーは映画のスチールですね。

岡　小津安二郎が映画にしているんですよ。それで、この追加された序章が映画の補完になって、映画ではよくわからない事情がこれを読むとよくわかる。大佛次郎の再評価につながる作品ですね。

――これは小津安二郎生誕百二十年・没後六十年と大佛次郎没後五十年の記念出版なんですね。

岡　惑星直列やね（笑）。

――『彼岸花／秋日和』には里見弴没後四十年とある。中公文庫は記念にして刊行するのが上手いですね。

魚　武田泰淳の『新・東海道五十三次』は二〇一八年十一月に改版が出たんですけど、翌年の東名高速開通五十周年に合わせているんですよね。

岡　それは上手いなあ。これも相当いい作品ですよ。あと、さらりと言うと、中公文庫に入ったから読み返したといえば『渋江抽斎』も。森鷗外の史伝三部作は何を書いてるかよくわからないんだけど、『渋江抽斎』だけはわりと読める。これと『宗方姉妹』は中公文庫に入ったから通読できた。活字も少し大きくなってるしね。

魚　「文士の旅」シリーズもいいですよ。田中小実昌の『ほのぼの路線バスの旅』とか。田村隆一の『詩人の旅』は前の版も持っていたんだけど、増補新版も買ってしまった。これもすごく好きな本ですね。

岡　よく売れてるのだと『ノラや』内田百閒。もういい大人がだらしなく猫を探すというのが猫好きの心をくすぐる。『眼の引越』は青山二郎の再評価につながった一冊。その後、講談社文芸文庫とかでも出ていますけど、最初はこれやった。こんな人がいたんだっていうね。なんて評していいのかわからないものの蒐集家で、装丁家としても活躍していて、小林秀雄や吉田健一、河上徹太郎なんかのボスやね、ある種の。

魚　村上護の『文壇資料　四谷花園アパート』（講談社）に出てくる。不思議な感じなんですよね。面倒くさそうな作家と詩人の中で、本人も何をやってるかよくわからないのに一目置かれてる。もちろん骨董の目利きだったり絵を描いて活躍してたりするんですけど。

岡　カバーの絵もいいよね。皿を焼きたいなって思うカバー。

カバー・小山田二郎

魚　カバーがいいのでいえば小《お》山田《やまだ》二郎。二冊持ってきました。

岡　色川武大だ。

魚　はい。色川武大は『私の旧約聖書』などもありますけど、中公文庫で一番好きな本は『生家へ』ですね。

岡　この当時は表四にも絵が入ってるんよね。まだバーコードがなかったから。

魚　小山田二郎と青山二郎、いちおう二郎つながりですね。

――これは定価よりも高い古書価で購入されていますね。

魚　けっこう探しましたから。一冊見つけると次から次へと手に入るんですけど、最初はなかなか見つからなかった。

岡　中公文庫の古書価はずいぶん落ち着いてきて、普通に二百円とかで買えるようになったよね。今でも高いのあるかな。

魚　昔は一万円以上の値がついてる本もありましたからね。

岡　僕が一番好きなのは丸谷才一の『遊び時間』かな。

魚　続編というか、その2もありますよね。

岡　『遊び時間3』も出てるんだけど、中公文庫では『ウナギと山芋』というタイトルになってる。これは評論とかエッセイとか推薦文なんかを集めたバラエティブックで、元版は大和書房ですね。丸谷才一といえば和田誠のイメージが強いけど、当初は山藤章二さんだったんですよね。これは何回も読んで、今でも読んでます。

――あとはアンソロジーでしょうか。

魚　アンソロジーなら解説を書かせてもらった古山高麗雄『編集者冥利の生活』を。これは表題作も単行本未収録のエッセイで、春秋社のPR誌に連載していたものなんです。安岡章太郎との唯一の対談も収録されている。ずっと好きだった作家の解説が書けたというのがすごくよかった。

岡　それはうれしいよね。

魚　二十代のすごく貧乏なころに出会って（笑）、励ましてもらった作家ですからね。

岡　「潤一郎ラビリンス」もいいシリーズですよ。谷崎潤一郎の作品集なんだけど、一度解体してテーマ別というのかな、全集未収録の初期作品から全部洗い出して編み直してる。

――中公文庫の得意技ですね。

魚　谷崎潤一郎は谷崎源氏という中公と関係が深いから。

岡　そうやね。それでこれはカ

バーデザインが和田誠。谷崎と和田誠ってちょっと合わないんじゃないかと現物見るまでは思われたんだけど、それを丸谷さんに相談したら「いいや、和田さんには谷崎的な部分がちょっとありますよ」と言ったそうで、実際に上手くいったという。こういう全集の作り方は中公文庫は上手いよね。編集の妙というもののひとつの見本を作ったなという感じがする。荷風や芥川なんかでもできるよね。

魚　あと挙げておきたいのは『文芸誌「海」精選対談集』（大岡玲編）。雑誌に掲載された対談を文庫でまとめるというのがちょっと面白いし、川崎長太郎とか永井龍男とか、自分の好きな傾向の作家の対談が収録されている。巻末に「海」の全対談のリストが載っていて、資料としてもすごくいい。たとえば尾崎一雄と川崎長太郎の対談、これは尾崎一雄の対談集に入ってるけど、初出が「海」だったのは初めて知った。

岡　村上春樹がフィッツジェラルドのことを書いたり、「海」の功績は大きいよね。

魚　武田泰淳の「富士」も創刊号の目玉でしたし。にもかかわらず四か月くらい原稿が来なかったという（笑）。これは枕元でパラパラ読むにはすごくいいです。

岡　そうやね。

魚　あと、開高健の『衣食足りて文学は忘れられた!?　文学論』。僕にとっては古本道の入口になった一冊です。開高健ってアウトドアですごくパワフルなイメージを持っていたんですけど、「気力を失ったときは、夜など、ただ寝ころんで」とか、こういう出だしで始まる文章を読むと、「あ、それでいいんだ」って（笑）。そういうところからものを書き始めるというのはたぶん開高健の影響ですね。

岡　そろそろ三十冊かな？

魚　じゃあ、歴史もので坂本太郎『史書を読む』を入れたい。中公文庫といえば歴史ものですから。これは街道を歩き始めて古典を勉強し直そうと思った時に見つけて、ものすごく面白いと。『日本書紀』から始まるんだけど、『吾妻鏡』は私にはなつかしい書物であるとか、自分の学生時代の思い出などから入るんですよ。そういうのに弱い（笑）。

岡　魚雷君らしい（笑）。じゃあ、昭和初期の風俗資料として酒井潔『日本歓楽郷案内』を入れてください。これ、元版は古書価がものすごく高かった。貴重な資料ですよ。

魚　最後は僕と岡崎さんの合わせ技で、中村光夫。これは三部作なんですよ。

岡　魚雷君の『今はむかし』と僕の『戦争まで』。

魚　あと『文学回想　憂しと見し世』があって、文学回想三部作。僕は一冊めで岡崎さんは三冊めを持ってきた。なにも打ち合わせていないのに（笑）。

岡　これは中村光夫がフランス留学している間に小林秀雄に宛てた手紙という体裁なんですよ。

魚　架空の相手に宛てた手紙というか。戦時中に今文学に何ができるかとか文学の共和国を夢見るとか、厳しい批評家というイメージとは違う、夢見がちな光夫先生が味わえる。

岡　そうそう。仏像みたいな顔してるけど、こういうみずみずしい青春時代があったんやなって。中村光夫の文体はですます調なのが有名ですけど、これが元になっている。これは三部作で入れよう。

魚　では、これで決定。

2023年度 文庫編集者MVP 決定！

文庫出版シーンにおいて一年間でもっとも読者に喜びと希望を与え、文庫を講読する愉しみを知らしめた編集者を選んで「年間最優秀文庫編集者賞」（またの名を「文庫ドール」）を贈賞しよう、という「おすすめ文庫王国」の不連続的勝手に表彰企画。二〇二三年度の受賞者が決定した。

その名も清水御狩《みかり》氏。あたかも売れそうな企画を他社から狙い撃ちするハンターのような名前だが、今回の受賞理由は『俺の自叙伝』の文庫化。大正時代のベストセラー作家・大泉黒石の幻の代表作が初の文庫化として岩波文庫から五月に刊行されたのだ。この担当が清水氏なのである。

というわけで、清水御狩氏を表彰すべく岩波書店へ。同じ神保町内会なのでゆっくり歩いて五分で到着。受付の前で夏目漱石書の歴史的看板を眺めていると、ハンターが鋭い眼差し、いや、にこにこ笑顔で現れた。ハンターというより柔和な学校の先生といった感じだ。両サイドに男女一名ずつを引き連れているが、お供ではなく岩波文庫編集長の吉川哲士氏と営業部プロモーショングループの竹田桃香氏であった。表彰式に立ち会ってくれるらしい。

エレベーターで地下二階に降り、広い会議室でさっそく表彰開始。本の雑誌発行人浜本が表彰状を読み上げる。

「貴殿は、令和五年の文庫出版シーンにおいて、大泉黒石という作家の存在を読者に知らしめ、多くの貢献をされました。よってここに深く敬意を表するとともに表彰いたします」

おめでとうございます、と言いながら表彰状を授与。パチパチパチと会議室に拍手が鳴り響いて表彰式は終了したのである。

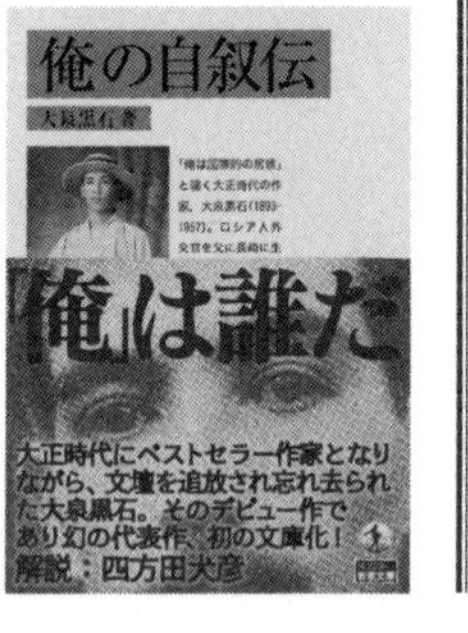

俺の自叙伝
大泉黒石 著
「俺」は誰だ
大正時代にベストセラー作家となりながら、文壇を追放され忘れ去られた大泉黒石。そのデビュー作であり幻の代表作、初の文庫化！
解説：四方田犬彦

ちなみに本年度の文庫ドールに輝いた清水氏は入社三十年のベテランということで、これまでさぞかし多くの名作、売れ筋、ロングセラーを岩波文庫で出してきたのだろう。と思ったら、なんと『俺の自叙伝』が初文庫！

実は清水氏はライツマネジメント部所属の法務・著作権グループ課長。つまり文庫編集部ではない。どころか入社以来一度も文庫編集部に配属されたことがないのである。単行本や新書、現代文庫などを作ってきて、現職の前は「図書」の編集長を長く務めてきたという。

そして「図書」編集長時代に大泉黒石と出会った。

「『俺の自叙伝』の一か月前に『大泉黒石 わが故郷は世界文学』という単行本を出しました。著者の四方田犬彦先生とはかれこれ十年以上のお付き合いを続けておりまして、映画関係とか、いろいろ楽しくお仕事をしてきたのですが、清水が編集長をやってる間になにか「図書」に連載しようと言ってくださって、その時に見せていただいた二つのテーマのうちのひとつが大泉黒石だったんですね」

　運命の出会いである。その時、清水氏は大泉黒石の名前すら知らなかったそうだが、代表作のタイトルが『俺の自叙伝』と聞き圧倒され、四方田さんから由良君美先生のエピソードを伺って、一も二もなく連載を決定！　当初から読者の反響もよく、連載中、小平霊園に眠る大泉黒石の墓地の番地を載せたところ、すぐに読者からその番地に行ったけど、なかったぞ、という電話や手紙があったという。

大正時代のベストセラー作家大泉黒石に再び光をあてた清水氏に表彰状を進呈！

「正しいのはこの番地です、と教えてくれたり。確認がてら花を手向けに訪ねてきましたが、どうも四方田さんが勘違いしたらしくて」

　もちろん単行本刊行の際には正しい番地に訂正したが、読者の熱い反響を肌で感じた清水氏は、単行本を売るためにも黒石の代表作を文庫で出そうと墓前に誓った。

「河出文庫さんで短編集が一冊（『黄夫人の手』）と講談社学術文庫で『ロシア文学史』が文庫では出ていますが、どちらも品切れで古書価も高い。『俺の自叙伝』だけでも文庫で出そうよ、と四方田さんにも言われまして、私も『わが故郷は世界文学』との相乗効果も考えましたし、黒石の業績を世に問いたいとも思いましたし」

　かくして入社して三十余年。初めて岩波文庫の編集会議に単身出席。会社の看板でもあり誇り高いブランドでもある岩波文庫に古典とも名作ともちょっと違う大正時代のベストセラー作品を、という企画が果たして通るのか！　目に見えない厚い壁を感じ、ドキドキしていた清水氏だが、「面白そう」と出席者一同興味津々で賛同してくれたという。しかも通常、岩波文庫の帯は一色なのだが、『俺の自叙伝』に限っては吉川編集長と販売から少し豪華にしてよし、というお墨付きまで出たのである。

「それで二色の幅広の帯にして『俺』は誰だ」というコピーを赤でばーんと」

　営業部の竹田さんとデザイナー、清水氏の三人であーでもないこーでもないと議論を重ねるうちに「これだ！」と決まったコピーとデザインの帯なのだ。そして帯のインパクト効果か、発売直後に増刷が決定！『大泉黒石　わが故郷は世界文学』と『俺の自叙伝』の二冊が出そろってから、清水氏は四方田さんと黒石が亡くなった横須賀のはずれを二冊の本を持って歩いたそうだ。

「本人は知らなくても奥さんのことを独特の雰囲気を持った人でしたって懐かしがるおばあさんに出会ったりして、四方田さんとも面白い企画で楽しい旅をできたなあ、と笑いあいました。黒石のお孫さんもとても喜んでくれて、お礼の電話をいただきました。編集者冥利に尽きる仕事でしたね」

　まさに年間の文庫ＭＶＰならではなのであった。おめでとうございます！

私の文庫ベスト1 2023

読者アンケート

☆続いては本の雑誌読者が選んだ二〇二三年の文庫ベスト1。珍なる地名を求めてのふらり旅本から犬好きにはたまらない警察犬本まで、全国三千万活字中毒者のイチ押し文庫はこれだ!

ふらり珍地名の旅
今尾恵介／ちくま文庫

☆自宅から車で15分位のところに「鼻毛橋」という橋がある。目の前には同名のバス停もある。周囲は田んぼの広がる素朴な場所だが、なぜ鼻毛？　フシギである。色々想像したいので今だに理由を調べてはいない。

　この本の著者が旅に出る理由が好きだ。そこに珍なる地名があるからふらり旅に出る。いいじゃないか。「雨降」「青鬼」「浮気」なんて土地、行ってみたくなる。実際に行くと地元の人が地名の由来に全く興味なかったり、やたらと不審がられたりと意外と大変そうだが、それをふっとばすほどこの旅は楽しそうだ。

　ふらり旅ならではの出来事も。地名の由来をきこうと訪れた施設で留守番することになったり、たまたまサイダー買った店のお爺さんに戦時中の話を聞くことになったり。地名の変化する過程も透けて見えてくる。始めに読み方があり、それに漢字が当てられる。その漢字に引きずられて元の読み方から別の読み方に変わったり、別な漢字を表記してしまったり、字面に合ったエピソードが由来として加わったり。そんなことも読んでいて面白し。旅の帰りにあの地名の由来はこんな風に出来たのかなぁ、と想像するなんて旅の余韻として最高だ。私もひとりでふらりと旅がしたくなった。あぁ、休みほしいよぉ。

（大方直哉・珍名ってほどでもない社員57歳・仙台市）

CD・神田昇和

文庫の読書
荒川洋治／中公文庫

☆魅力的なアンソロジーや、再編集ものを次々に出して私たちを喜ばせる中公文庫。本書も、荒川洋治の「文庫オリジナル」

とくれば買わずにいられません。

本書は京都旅行の帰りに京都駅の地下の本屋で発見。東京までの車中の友となりました。また、文庫書き下ろしの「書棚からI〜III」も楽しいです。

（伊東俊徳・幼稚園事務68歳・世田谷区）

ギリシア人の物語　1〜4
塩野七生／新潮文庫

☆インディ・ジョーンズみたいに時を越えて、サラミスの海戦を見て来たのではなかろうか？

装丁・高橋千裕

と思うくらい、リアリティある描写とその時代を動かした人々の生き様は、まさに紙面から浮かび上がる立体映像のよう！

膨大な資料と史実を塩野流に再構築して見せる、もとい読ませる技はもう圧巻と言うしかなく、スポットを当てる人物のチョイスも、惹き込まれる大きな一因だ。個人的には、塩野作品に出てくる人物を、間近で見られる時代に生まれたかったと思う。読み進めるのが楽しみすぎて、読み終えるのが淋しすぎる。

（川瀬恵子・崖っぷちSE60歳・三重県）

鑑識課警察犬係　闇夜に吠ゆ
大門剛明／文春文庫

☆高齢者の捜索や爆発物の探知等、日々訓練を受け市民の安全を守っている警察犬を主役にした連作短編集。鑑識課に属していると初めて知った。警察犬の描写が愛し過ぎて、犬好きにはたまらない。犬と人間の信頼関係があるからこそ成立するお仕事。頭が下がります。末永く続いて欲しい。続編待ってます。
（阪本麻耶・本読み主婦37歳・浜松市）

好き？好き？大好き？
R・D・レイン訳、村上光彦／河出文庫

☆みすず書房から発売されていたR・D・レインの『好き？好き？大好き？』が、河出書房新社から文庫化された。もとよりみすず書房版の『好き？好き？大好き？』も、みすず書房の本らしからぬポップで洒落たカバーをしており、一般読者に訴求する力を十分に持っていたけれども、今回文庫化されたことで、より多くの人にこの名著が届くだろうことを、かつてこの本に衝撃をうけたものの一人として、大変に喜ばしく思う。本書とそのタイトル作を初めて読んだのは、上京したばかりの18歳のころであり、遠い昔のことになるが、あの時の岡本太郎的「なんだこれは！」感覚は、今でもはっきりと記憶している。なんて美しく、幸福で愛らしい、哀しくて不気味な、心をざわつかせる作品なのだろう――。
文庫版の解説で、にゃるら氏が、日本のサブカルチャー・シーンにおける本書の絶大な影響について詳述しているけれども、私が本書を手にしたのは、『新世紀エヴァンゲリオン』経由である。――ええ、私も狂いましたよ。エヴァとミス・綾波に。

エヴァのED曲には、フランク・シナトラやジュリー・ロンドンをはじめ、さまざまな有名アーティストが取り上げているスタンダード「FLY ME TO THE MOON」が使用された。今に至るまで私は、大森俊之が編曲し、CLAIREが歌唱したエヴァ版こそ至高だと思っているのだが、このエヴァ版「FLY

ME TO THE MOON」には、CLAIREに代わって、林原めぐみ、宮村優子、三石琴乃の三人がヴォーカルを取ったMain Version IIが存在する。これがとんでもない代物で、funnyな発音の英語による歌唱の後、レイ、アスカ、ミサトがそれぞれ、明らかに『好き？好き？大好き？』の影響下にある「語り」を始めるのである。

私は声を大にして言いたい。皆、すぐに『好き？好き？大好き？』を読了し、そのうえで「FLY ME TO THE MOON」(Main Version II)を聴くべし。長州力の物言いを借りるなら——「やってみな。飛ぶぞ」

（今井章・原朋直『3つの扉』における林原めぐみも素晴らしいと思う公務員44歳・昭島市）

昭和な時代が甦る！

『メイド・イン・オキュパイド・ジャパン』小坂一也／小学館文庫

☆小坂一也さんというと、僕の世代（1966年生まれ）にとってはドラマに出ている渋い脇役、というイメージがあるけど、戦後のカントリー&ウェスタン（以下C&W）ブームの最前線に立って、「青春サイクリング」などのヒット曲を持ち、和製プレスリーと呼ばれ、紅白歌合戦にも何度か出演していたトップスターだった事実を知ったのは、ずっと後のことだった。

そんな小坂さんが、戦後の復興期の中でアメリカ文化の洗礼を受けた少年の頃から、C&Wのバンド「ワゴン・マスターズ」のヴォーカリストとして活躍した青年期までを描いたのがこの自伝だ。当時の社会背景は映画や本、ドラマでしか知らないものの、当時の日本の若者たちがいかに戦勝国のアメリカに憧れ、ジャズやC&Wといった敵国の音楽に夢中になっていったか、その状況が生き生きと描かれてあるのが印象的だった。ビートルズが登場するずっと前の、戦後のポピュラー音楽史を知る上でとても貴重な資料であると同時に（描写が細かい）、戦後育ちのアメリカかぶれの少年がバンド活動を通して、どのように大人になっていったかを回想する青春記としても読ませる。和田誠さんによる装丁・装画も素晴らしい。ぜひ読んで欲しい。

（山本格司・会社員57歳・名古屋市）

『急行霧島　それぞれの昭和』山本巧次／ハヤカワ文庫JA

☆鹿児島から東京へ急行霧島で24時間かけて座席にすわっておとうさんに会いに行くヒロイン美里。戦争が終わって高度成長がはじまった中で、みんなの「前に進もう」という雰囲気が列車の旅から伝わってきます。食堂車での食事、蒸気機関車の音、タバコの臭い等のディテールもいい。伝説のスリ師、傷害犯など一見「悪い人」も出てきますがみんなそれぞれ過去をかかえながらも前に進もうとしています。

最初のP4～P5に鹿児島駅から東京駅までの急行霧島の停車駅と時刻が記載されています。だんだん列車が東京駅に近づいていく時間の流れとともに、それぞれの乗客、関係者の思いが交錯しそれでもより明るい未来へと進もうとする。みんなが上を向いていた戦後の「昭和の一つの時代」を描いてくれてます。なんか明日への力を感じさせてくれるいい本でした。オススメ。

（高橋則広・団体役員65歳・三鷹市）

コンビニ兄弟3

町田そのこ／新潮文庫nex

☆町田そのこ著の人気シリーズである。安定した面白さは往年のテレビ番組「水戸黄門」を思わせる。めでたしめでたしの結末が、クールな世相に反し心地よい。スピンオフ的な作りの、第3話目「華に嵐」につづく「エピローグ」は秀逸だ。大人の恋・家族の人間模様・青春のほろ苦さ・そしてプチ怪●。リズムの良い構成に満足の一冊である。下手な演技のTVドラマ見るよりこの一冊を読むべし。オー、テンダネス!!

(阿部孝弘・柿の種とビール大好き会社員62歳・君津市)

文豪たちが書いた 喧嘩の名作短編集

彩図社文芸部編/彩図社文庫

☆太宰治・檀一雄・坂口安吾等々、錚々たる顔ぶれの文豪たち16名の、喧嘩にまつわるエッセイあり、私小説あり、創作ありの本当に短い作品集です。

喧嘩相手も様々、心理戦だったり手が出たり、各作家「らしいわ～」という戦い方で、当時の文壇関係図が垣間見える作品もあり興味深い。

私が一番面白かったのは、井伏鱒二の『「槌ツァ」と「九郎ツァン」は喧嘩して私は用語について煩悶すること』。

作者の郷里では親や本人の呼び方(接尾語)が生まれた時点の階級によって決まっており、それを不服とした成り上がりと旧家の村長の村全体を巻き込んだ超くだらないバトル。筒井康隆っぽくて抱腹絶倒です。

(江森美香・寒がりケアマネジャー59歳・長崎市)

俺達の日常にはバッセンが足りない

三羽省吾/双葉文庫

☆高校のあった地方のさびれた城下町にはバッティングセンターそのものがほとんど無かった。野球部にいた少年には、遊び場としてではなく、技術向上の自主練の場所になるはずだったが、入ってみたことも無かった。食べ物屋とかゲームのあるコーナーもなく、普通にストイックで、後に大谷選手のような大物が出れば、支配人が「写真を撮っておけばよかった」と懐かしむような場所だった。

CD・bookwall

エージ君が作ろうとしている、もっと煩雑な無法地帯のようなバッセンは、無くてもいいような気持ちが、あればあったで足を向けたくなるかもしれない。そんな思いがだんだん強くなる一冊である。

今まさに住んでいる県都の街でも、とにかく人が集まらない。若い人の姿がない。新型コロナの影響か会わなくても済んでしまう日常が普通になり、なかなか元に戻らない。居酒屋もスナックもカラオケもさびしい。少し回復しているのは善光寺さんくらいか。だからバッセン、必要かもしれない。近くにできたら行ってもいいと思う。

そこは元高校球児、一礼してケージに入りまず初球は一塁側へきっちりバントを決めて、それから徹底的な右狙いを3本くらい打つ。たぶん空振りばかりでムキになってくるだろうけど、そこは許してもらいたい。かつてはなかった生ビールとタコ焼きで機嫌よくなるはずだから。

そんなバッセンなら必要だ。30代の若いみなさん、どうかお願いします。

(櫻井雄司・素振りができる場所もない会社員59歳・長野市)

学術系文庫の一年【学ぶことは力になる】

◉山本貴光

1. ようこそ、学術のワンダーランドへ

学術は、この世の一大ワンダーランドの一つである。と、二〇一九年版に書いてから六度目となった。

ここで「学術系文庫」とは、広く学問や技芸術に関する文庫を指している。対象は二〇二二年一一月から二〇二三年一〇月までに刊行された四一八冊。ちなみに二〇一九年は四〇三冊、二〇二〇年は四六七冊、二〇二一年は四五一冊、二〇二二年は三七二冊だった。具体的には次に挙げる各文庫レーベルを中心にカウントしている。文庫名の後ろにカッコで添えた数字は刊行冊数。

岩波文庫（四六）、岩波現代文庫（三二）、角川ソフィア文庫（四二）、講談社学術文庫（四九）、講談社文芸文庫（一三）、光文社古典新訳文庫（一八）、光文社未来ライブラリー（一三）、草思社文庫（二〇）、ちくま学芸文庫（五九）、DOJIN文庫（四）、ハヤカワ・ノンフィクション文庫（一〇）、文春学藝ライブラリー（三）、法蔵館文庫（一三）、平凡社東洋文庫（五）、平凡社ライブラリー（二〇）。

その他、レーベルの一部を学術系文庫と分類したものとして、河出文庫（三二）、集英社文庫（二）、新潮文庫（一二）、中公文庫（一四）、日経ビジネス人文庫（五）、文春文庫（四）、ヤマケイ文庫（二）がある。カッコ内の数字は刊行された本のうち、ここで学術系文庫とした冊数である。

大きな傾向を見ておこう。全体のうち翻訳書は一五〇冊で三六％を占める。著者のうち女性が含まれるのは五〇冊（一二％）で相変わらず少ない。理系に分類される本は三八冊（九％）。小説や詩や評論を含む文芸は六七点（一六％）。

ここでは以上のなかから、他のコーナーで取り上げられる文芸を除いた本を対象として、何点かを選んでご紹介したい。

などということを毎度のことながら述べるのは、いったいどのような範囲からここで紹介する本を選んでいるのかをお伝えしたかったからである。本来であればその全リストをご提示すべきところだが、これは紙幅の都合もあり省略する。

2. 祝・中公文庫創刊五〇周年

一九七三年の創刊で、今年五〇周年を迎えた中公文庫では、記念企画として「中公文庫プレミアム　新・人文復興」というレーベル内レーベルが始まった。「永遠に読み継がれるべき名著を、新たな装いと詳しい解説つきで」との方針の下「中公文庫プ

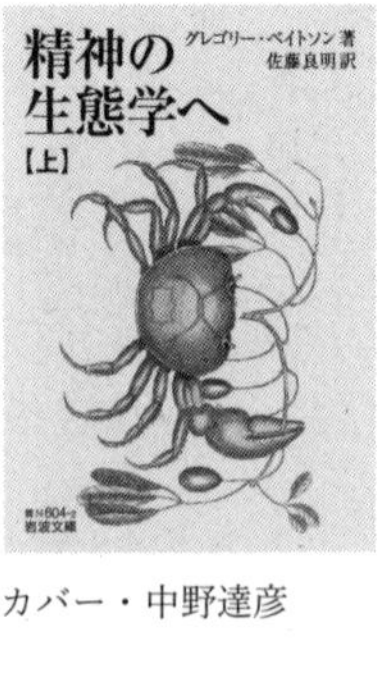

カバー・中野達彦

レミアム」の刊行が始まったのが二〇一四年のこと。「新・人文復興」はそのサブレーベルということになろうか。

第一弾は山口昌男『本の神話学〔増補新版〕』で、これは旧中公文庫版や後に刊行された岩波現代文庫版を懐かしく感じる人もいるかもしれない。本を集めること、配置すること、読解することが持つ意味を存分に説いた同書は、デジタルでの読書環境が普及したいま、かつてとはまた違う文脈で意味を持つようになっている。てなことを、このたびの増補新版への解説を仰せつかって書いたのだった。一〇月には第二弾として梅棹忠夫『文明の生態史観〔増補新版〕』（谷泰解説）が出ている。今後のラインナップにも期待している。

中公文庫では、ジャン＝ルイ・ド・ランビュール編『作家の仕事部屋』（岩崎力訳、読書猿解説）もうれしい復刊だった。ジャーナリストの著者が、フランスの作家たちに仕事の環境や仕方についてインタヴューしたもので、ロラン・バルトやクロード・レヴィ＝ストロース、フランソワーズ・サガンやナタリー・サロートをはじめとする面々が登場する。お見逃しなきよう。

3. 岩波文庫の二〇世紀の古典

創刊といえば一九二七年に創刊した岩波文庫は、古今東西のさまざまな分野の古典をかれこれ六千点以上集めた一大宝庫となっている。この一年で刊行された四六点で、ここではグレゴリー・ベイトソン『精神の生態学へ』（上中下巻、佐藤良明訳、岩波文庫）に注目してみたい。多様な分野で活動したベイトソンが、ものを考えることについて論じた本で、精神や概念をエコロジー（生態）という観点から検討するというアイデアは、この本が刊行されてから半世紀以上が経つ現在でも斬新であり続けている。エコロジーとは、ある事物を単体で見るのではなく、それを取り巻く環境のさまざまな事物との関係の中で見るという意味だ。人工知能をはじめ、変化し続ける環境で生きる私たちに多くの手がかりを与えてくれる、そんな本である。

岩波文庫では、全体主義（閉じた社会）とその基礎にある歴史主義を徹底的に批判するカール・ポパー『開かれた社会とその敵』（全四冊、小河原誠訳、岩波文庫）も世界の状況が不穏ないま、改めて読みたい。

4. 科学の古典／数学の先端

学術系文庫の全体からすれば一割に満たない量だが、自然科学や数学方面の本にも注目したい本が少なくない。

『ヒポクラテス医学論集』（國方栄二編訳、岩波文庫）は六〇年ぶりの新訳。古代ギリシアにおいて、病気を人間とその環境との関係で捉えようとしたヒポクラテスの議論は、人間観察としても読みどころが多い。

この方面ではもう一冊、ニコラウス・コペルニクス『天球回転論　付 レティクス『第一解説』』（高橋憲一訳、講談社学術文庫）はとてもうれしい文庫化だった。天動説が主流だった一六世紀のヨーロッパで、地動説の可能性を論証した天文学の名著だ。この文庫版は、同書全六巻のうち地球の運動を論じた第一巻と本邦初訳のコペルニクスの弟子レティクスによる『第一解説』を併録している。『天球回転論』全体を読みたくなったら、同じく高橋憲一さんが二〇一七年に刊行した『完訳 天球回転論』（みすず書房）に向かおう。もう少し現代に近いところでは、アインシュタイン『一般相対性理論』（小玉英雄編訳・解説）、廣重徹『相対性理論の起源』（以上、岩波文庫）、ヘルマン・ワイル『シンメトリー』（冨永星訳、ちくま学芸文庫）もどうぞ。

数学方面では、加藤文元『宇宙と宇宙をつなぐ数学』（角川ソフィア文庫）が楽しい一冊。望月新一氏が提唱した「宇宙際タイヒミュラー理論」の解説書だ。といっても説明したことにはならないのだが、ここで言う「宇宙際（inter-universe）」とは「国際（inter-nation）」が複数の国同士の関係を指すように複数の宇宙の関係を指すということ、ただしこの「宇宙」は私たちが住んでいる世界ではなく、ある「数学一式」を指しているという点を補足しておこう。つまり複数の数学一式同士の関係に関わる理論というわけで、この表現でワクワクする向きには大いに楽しめると思う。

5．紙上異世界旅行の楽しみ

義浄『現代語訳 南海寄帰内法伝』（宮林昭彦、加藤栄司訳、法蔵館文庫）は、三蔵法師玄奘と同時代の中国のお坊さん義浄が、インドを旅して目や耳にしたものを報じた旅行記だ。衣食住の各方面から、戒律や学問や風習など、生活と仏教の実践について事細かに記されており興味が尽きない。「唐から何しに天竺へ？ １３００年前のインドの戒律実態レポ」という秀逸な帯文で読みたくなる人も多いかも。

旅行記といえば、平凡社の東洋文庫には玄奘の『大唐西域記』をはじめとして、いろいろ入っているので読み比べてみても楽しい。今年の学術系文庫では、家島彦一『イブン・バットゥータの世界大旅行』（平凡社ライブラリー）、『菅江真澄 図絵の旅』（石井正己編、角川ソフィア文庫）も心躍る本だった。

6．辞書とことば

辞書編纂の大プロジェクトといえば、『オックスフォード英語辞典』をテーマにしたサイモン・ウィンチェスター『博士と狂人』（鈴木主税訳、ハヤカワ文庫NF）が、最近映画にもなってよく知られているかもしれない。同書を面白く読んだ向きには、このたび文庫になった小倉孝保『中世ラテン語の辞書を編む』（角川ソフィア文庫）も楽しめること請け合いである。「１００年かけてやる仕事」という副題の通り、イギリスで一九一三年に始まり、二〇一三年に完結した『英国古文献における中世ラテン語辞書』のプロジェクトに取材したノンフィクションで、なにかと忙しない現代において長くゆっくりと言葉につきあうことの意味を痛感させられる。

辞書方面では下中彌三郎、秋永常次郎編『ポケット顧問 や、此は便利だ』（平凡社ライブラリー）は、平凡社の創業出版がライブラリー入りしたもの。いまでいう現代用語辞典で、読めば勉強になるのはもちろんのこと、一一〇年ほど前の日本語の姿を垣間見る楽しみも味わえる。解説は荒俣宏さん。その平凡社ライブラリーは今年創刊三〇周年で、現在九六〇点近くを刊行している。同社については『本の雑誌』本誌二〇二三年九月号も併せてお楽しみあれ。

ことばに関する本としては、一五世紀半ば頃ハングル創制を布告した『訓民正音』（趙義成訳注）が従来の東洋文庫から平凡社ライブラリー入りしたところ。既刊の野間秀樹『新版 ハングルの誕生』（平凡社ライブラリー）とともにどうぞ。また、金水敏『ヴァーチャル日本語 役割語の謎』『コレモ日本語アルカ?』（岩波現代文庫）は「わしが博士じゃ」といった、マンガやアニメなどでもお馴染みの創作で使われるしゃべり方を「役割語」と名づけて分析した名著の文庫化。

7．学ぶことは力になる

まだ理想の状態にはほど遠いものの、人間同士のさまざまな違いやそこから生じる摩擦や差別、ハラスメントを巡る議論が各方面で盛んになっている。時事やニュース、あるいはSNSやウェブ、さらには論文や書物（単行本）に比べて、さらに遅れてやってくる学術系文庫にも、少しずつではあるけれど関連するものが目に入るようになってきた。

ベル・フックス『学ぶことは、とびこえること』（里見実監訳、朴和美、堀田碧、吉原令子訳、ちくま学芸文庫）は、黒人で女性という二重のマイノリティの立場に置かれた著者による現実への抵抗と改革のための教育論だ。皮肉なことかもしれないけれど、原著が刊行されてから三〇年後のいまもなお、フックスの力強い言葉は私たちの胸に響く。彼女が直面していた問題がなおも消えてなくなったわけではないからだ。

家族からの壮絶な暴力に耐えて、大学で教育を受けたことで誇張なく人生が変わったという歴史学者タラ・ウェストーバーが半生を綴った『エデュケーション』（村井理子訳、ハヤカワ・ノンフィクション文庫）は、教育の価値を見失いつつある私たちの目を覚ます必読の書だ。

品切れになって久しかったフェミニズムの古典、シモーヌ・ド・ボーヴォワール『決定版 第二の性』（全三冊、『第二の性』を原文で読み直す会訳、河出文庫）が、見事何度目かのカムバックを果たしたこともお伝えしたい。

松岡正剛氏のウェブサイト「千夜千冊」とその書籍版をもとに、さらに新たな編集を加えたシリーズ「千夜千冊エディション」に登場した『性の境界』（角川ソフィア文庫）もここに並べておこう。

8．古典再生

最後に、一九世紀以前の人文・社会科学系の古典作品のうち、今年文庫入りしたものを並べよう（訳者名を省略して恐縮です）。トマス・リード『人間の知的能力に関する試論』（上下巻）、バジョット『イギリス国制論』（上下巻）『ロンバード街』、トマス・アクィナス『精選 神学大全』（全四巻予定）、パスカル『小品と手紙』、ヘルダー『人類歴史哲学考』（全五冊予定）、フロイト『精神分析入門講義』（上下巻、以上、岩波文庫）、シュリーマン『古代への情熱』（角川ソフィア文庫）、ヘーゲル『宗教哲学講義』、プラトン『ゴルギアス』、ニーチェ『ツァラトゥストラはこう言った』、オウィディウス『変身物語』、『精選訳注 文選』（以上、講談社学術文庫）、『ダンマパダ』、クセノフォン『ソクラテスの思い出』、アリストテレス『政治学』、カント『判断力批判』（以上、光文社古典新訳文庫）、トマス・ホッブズ『リヴァイアサン』（ちくま学芸文庫）、アダム・スミス『国富論』（日経ビジネス人文庫）。

絶妙スリラーから名作発掘まで多様な〈謎〉が勢揃いだ！

関口苑生

近年、多様性ということが様々な分野で言われている。強引に結びつけるつもりはないが、これはミステリーにおいても同じことが言えて——というか、ミステリーほど多様性に富んだものはないのではないかと思う。ジャンルにしても本格をはじめとして、冒険、スパイ、ハードボイルド、警察、サスペンス、スリラー、犯罪、コン・ゲーム、ホラー……と実に幅広いし、物語の中心となる〈謎〉の内容と正体も枚挙に暇がない。そうしたことから言えば、今年は本当に多様な作品が愉しめた面白い年度だった。

M・W・クレイヴン**『グレイラットの殺人』**は、CWA賞の最優秀スリラー小説賞を受賞した一作。イングランド北西部の町で、男性の惨殺死体が発見された。おりしも町では、間もなく各国首脳が集まり、会議が開催される予定となっていた。殺された人物は、その会議に参加する要人を搬送するヘリコプター会社の代表であった。

事件が起こった時期と場所の関係で、捜査は国家犯罪対策庁に委ねられるが、加えてアメリカからFBI、それに英国情報機関MI5の捜査員も導入される。だがこれが事態を複雑化させることに。なぜかことあるごとにMI5の妨害が入るのだ。やがて見えてきたのは、三年前の、貸金庫強盗事件との共通点だったが……。

個人的で誠に突拍子もない感想だが、わたしは本書を読んでアリステア・マクリーンの初期作品を思い出していた（たとえば『恐怖の関門』など）。その心は、何が起こるかわからない小説という意味だ。何かが起こっているのに、事件の主体・核心が何なのかさっぱり見えず、終章近くになってようやく全貌が明らかになり、それまで何気なく描かれていた細部や小道具が、事件とのっぴきならぬ関係を持っていたことが判明する。その出し方が何とも絶妙で巧いのだ。前作の『キュレーターの殺人』同様、先が読めたと思うならあなたはまだ注意が足りない、のである。

S・A・コスビー**『頬に哀しみを刻め』**は、悲しみと自己嫌悪と悔恨に苛まれたふたりの父親の物語である。惨殺された息子の葬儀に参列するふたりの父親。ひとりは黒人、もうひとりは白人だ。彼らの息子は

CD・柳 智之

海外ミステリーベストテン

1. **グレイラットの殺人**
M・W・クレイヴン、東野さやか訳／ハヤカワ・ミステリ文庫
2. **頰に哀しみを刻め**
S・A・コスビー、加賀山卓朗訳／ハーパーBOOKS
3. **キリング・ヒル**
クリス・オフット、山本光伸訳／新潮文庫
4. **8つの完璧な殺人**
ピーター・スワンソン、務台夏子訳／創元推理文庫
5. **処刑台広場の女**
マーティン・エドワーズ、加賀山卓朗訳／ハヤカワ・ミステリ文庫
6. **人生は小説**
ギヨーム・ミュッソ、吉田恒雄訳／集英社文庫
7. **愚者の街** 上下
ロス・トーマス、松本剛史訳／新潮文庫
8. **卒業生には向かない真実**
ホリー・ジャクソン、服部京子訳／創元推理文庫
9. **はなればなれに**
ドロレス・ヒッチェンズ、矢口誠訳／新潮文庫
10. **孤島の十人**
グレッチェン・マクニール、河井直子訳／扶桑社ミステリー

〝夫婦〟という関係だった。

息子の同性愛という性的指向をどうしても理解できなかった彼らは、頑なに息子を拒否し、ついにその溝を埋められないまま愛する存在を失ったのだ。ふたりは一向に捜査が進まぬことに苛立ち、やがて自分たちで犯人を探し出し、片をつけようと決意する。それも見つけ出すだけでなく、徹底的に思い知らせてやらなければならない。それは父親として出来る、子供に対しての懺悔と贖罪の旅であった。圧倒的な熱量と迫力。凄まじいまでの血と暴力。これぞまさしく現代犯罪小説の最前線だ。

クリス・オフット『**キリング・ヒル**』はW・フォークナーを彷彿とさせる硬質な文体で、狭い土地での因襲と濃密な人間関係を描いた罪と罰の物語。

アメリカの南部人と北部人の違いについてこんな話がある。野っ原を歩いている男について、あれは誰だ？　と誰かが聞くとする。南部人は「あいつの爺さんって、犬と一緒に鉄橋を歩いていて雷にやられた人だろ。ママのハトコの子供が——俺が生まれるずっと前に死んでるけど——次の年、ダムのところで八ポンドの鯰の腹からその人の懐中時計を見つけて……」云々かんぬんと、延々と続けていく。一方、北部人はこう答える。「ジョー・スミスだよ」すると南部人は「誰も名前なんか聞いてないのに。誰だって聞いただけなのに！」でも礼儀正しい南部人は、そのことを口に出して言うことはできないという。

本書にはこうした南部人たちが醸し出す独特な空気、雰囲気が全編に満ち溢れている。人里離れた山間部で見つかった女性の死体。そこから始まる饒舌でありながら、どこか静謐さを感じさせる異色の物語だ。

ピーター・スワンソン『**8つの完璧な殺**

人』は、ボストンで古書店を営む主人公のもとに、FBIの特別捜査官が訪れるところから幕が開く。店主は十年ほど前、犯罪小説史上最も利口で、最も巧妙かつ最も成功確実な殺人を描いた作品のリストをブログで発表していた。捜査官は、近年これらの作品の手口と極似する変死事件が相次いでいるという。そこで紹介されているのは

CD・鈴木久美

『赤い館の秘密』『殺意』『ABC殺人事件』『殺人保険』『見知らぬ乗客』など八冊。当然のことながら、これらの作品の内容と手口、犯人についても言及される。さらには作品全体に仕掛けられた罠の元ネタ作品も明らかにされている。まさに謎の多様性ここにありだ。ミステリーを心から愛する人は必読の一作。

マーティン・エドワーズ『**処刑台広場の女**』は、1930年のロンドンを舞台に、女性名探偵が活躍する極上の謎解きミステリーだ。しかし謎といっても、本書で解くべき謎は何なのか？　これが謎の核心なのである。たとえば彼女は、自分が突きとめた事件の犯人、殺人者を死に追いやっているのではないかとの黒い噂がつきまとっていた。実際に彼女は、首切り殺人事件の犯人に対してその罪を暴き、自らの命を絶つように言い渡していたのだ。どうしてそんな真似をするのか、これが謎であり、また彼女の存在それ自体が謎なのであった。

わたしはファントマやルパン、二十面相などの「怪人」の魅力と、昔ながらの勧善懲悪活劇の愉しさを感じたが、ある評論家（吉野仁氏）もネットで同様の意見を述べられており、我が意を得たりの思いしきりだった。

ギヨーム・ミュッソ『**人生は小説**《ロマン》』も、不可思議な謎からスタートする。高名な女性小説家の娘が、自宅アパートから忽然と消えた。娘はまだ三歳、親子ふたりでかくれんぼをしていた最中に、文字通り煙のように消え失せてしまったのだ。廊下に設置された防犯カメラを見ても、部屋に出入りする人間はただのひとりもいなかった。この不可解な謎が、一体どんな風に解明されるのか、普通はそう思って当然だ。しかし本書は、そうした方向には進んでいかず、まったく予想外の展開になっていくから驚く。物語はここから娘の行方よりも、この女性作家の素性や正体を探ることを優先するのである。これが意味するところの正体がわかったとき、小説（ロマン）という名の迷宮がじわりと姿を覗かせる。

ロス・トーマス『**愚者の街**』もまた一筋縄ではいかない作品だ。主人公は〝セクション2〟と呼ばれる組織の元秘密諜報員。そんな彼の元に都市専門のコンサル業を営む実業家が、人口二十万人ほどの街を「腐らせてほしい」という奇妙な依頼を持って現れる。

トーマス作品の特徴は、登場人物の多彩さと、彼らが繰り広げる複雑極まりない物語展開だろう。しかしそれでいて、人物の造形と陰影には深みがあり、ストーリーはいささかも淀みがない。本書もギャングに始まり、悪徳警官やら腐敗した政治家たち

が、おのれの欲望に翻弄されていくさまが見事な筆致で描かれる。それにしても主人公はいかにして街を腐らせていくのか。これが実に奇想天外な、しかしながら実際にあっても不思議ではない作戦——人間関係を根底にしたコン・ゲームと言っても差し支えないようなものであった。こんなにヘンな話を書けるのはトーマスぐらいなものかもしれない。

ホリー・ジャクソン**『卒業生には向かない真実』**は、女子高校生が自由研究で、自分が住む場所で起きた過去の事件を調査すると、新たな真相が発見される『自由研究には向かない殺人』に始まり、『優等生は探偵に向かない』そして本書と続くピップ・シリーズ三部作の完結編である。

一連の事件解決により一躍街の人気者になったピップだが、ある日、自宅への私道で不審な落書きを見つける。続いて頭のない鳩の死体、無言電話、匿名のメール。調べてみると、それらは六年前に起きた連続殺人事件と類似点があることに気づく。だがその犯人は現在服役中のはずだった。

今回、ピップの自由研究は行き着くところまで行ってしまう。その結果、ある重大な出来事が起こるのだが、この事態を一体誰が予想できただろうか。あまりにも衝撃的な一作として記憶に残る。

ドロレス・ヒッチェンズ**『はなればなれに』**は、トリュフォーが愛し、彼から勧められたゴダールが映画を撮った青春ノワールの傑作。仏映画界の巨匠ふたりが、若き日に読んで興奮した名作が、原作発表から六十五年の時を経て、ついに本邦初訳となったのだ。

デザイン・新潮社装幀室

ともに二十二歳の若者ふたりが、夜間学校で知り合った娘から、現在身を寄せている未亡人の屋敷には、莫大な現金が無防備に保管されているという話を聞き、この金を強奪する計画を立てるのが発端。

出だしこそありきたりな犯罪物語と思わせるが、計画が主人公の叔父に漏れたことから、徐々におかしな方向に進んでいく。やがてプロの犯罪者が介入し、それぞれ勝手な行動を取り始めるのだ。その中にあって若者たちは、次第に圧倒的な絶望感に襲われていくのだった。これら複数の人物たちの動きが同時並行的に描かれていくのだが、人物の造形はもとより各人物たちの心理描写が抜群に優れている。こういう名作の発掘は本当に嬉しい。

グレッチェン・マクニールの**『孤島の十人』**は、クリスティー『そして誰もいなくなった』の完全なる模倣オマージュ作品。孤島の別荘に集まった十人の高校生が、ひとりまたひとりと殺されていくのだ。もともとはヤング・アダルト向けに書かれたものらしいが、なるほどこれは最近流行の録画したドラマを一・五倍速で観るようなスピード感と、スラッシャー映画を思わせるサスペンスフルで強烈な刺激が全体に横溢している。そのためか、若者たちの性格はいずれも嫌になるくらい問題があり、それがまた物語に厚みを持たせる要素となっているから面白い。

七つの"〜過ぎる"が揃った門前典之『友が消えた夏』を超オススメ！

宇田川拓也

・物語に配された謎が不可解過ぎる。
・読めば読むほど謎が深まり過ぎる。
・まさかの犯人が強烈過ぎる。
・犯行動機が予想外過ぎる。
・事件の全体像が型破り過ぎる。
・けれどロジックは緻密でスゴ過ぎる。
・ラストシーンの先が気になり過ぎる。

もしこんなミステリがあったら、ぜひ読んでみたいと思った方も少なくないはずだ。あります。これら七つの"〜過ぎる"をすべて備えた、超オススメの作品があるのです！　というわけで今回の国内ミステリ部門第一位は、門前典之**『友が消えた夏 終わらない探偵物語』**に決定。一級建築士にして名探偵である蜘蛛《くも》手《で》啓司《けいじ》が登場するシリーズの最新作だが、いきなり本作から読み始めても大丈夫。

物語は、事務所の共同経営者である宮村から蜘蛛手に、紙の束が手渡されることから動き出す。それは先ごろ逮捕された、どこにでも侵入してしまう話題の連続窃盗犯"オクトパスマン"が持っていたボイスレコーダーの内容を書き起こしたもので、洋館〈鶴扇閣《かくせんかく》〉で夏合宿をしていた演劇部の学生たちが、一夜にして首のない白骨焼死体と化した殺人事件の記録だった。警察は当然この事件とオクトパスマンの関与を疑うが、本人はこれを否定。こうして弁護士を通じ、蜘蛛手たちにオクトパスマンの無実の証明が託されたのだった。

この鶴扇閣事件の記録と並んで描かれるのが、ある占い師に「お前は七日以内に消える」と告げられた女性が、たまたま乗り込んだタクシーで恐怖の体験に見舞われる"タクシー拉致事件"。さらにはひとり暮らしの老女が射殺されるエピソードまで加わって、謎は深まるばかり。こうしたバラバラなピースにどのような接点があるのか、読めども読めどもさっぱりわからない。

ところが後半、まさかまさかの驚きと衝撃が、つぎからつぎへと怒濤のごとく押し寄せてくる。接点の見えなかったいくつもの謎が結びつき、恐るべき犯行計画と強烈極まりない犯人像、常軌を逸しているとしか思えない動機が明らかになるクライマックスは、感嘆しきり。そしてタイトルにもつながる不穏なラスト、その行方が気にな

CD・岡 孝治

って身悶えせずにはいられなくなる。

すでに本格ミステリ作家として二十年以上のキャリアを持つ著者だが、意外なことに作品が文庫で刊行されるのは本作が初めて。これを機に、雪上を歩く巨大なカブト虫の亡霊といった奇想が大炸裂する『屍の命題』、飛行機墜落事故の犠牲者が百三十人足りないなど全国で起こる〝死体消失〟から悪魔的な奸計が浮かび上がる『浮遊封館』など、他の蜘蛛手シリーズ作品も文庫化されることを切に願わずにはいられない。

おお、この調子でオススメしたい文庫があと三十作くらいあるのだが、涙を呑んで一社一作品に絞って続けていきますぞ。

国内ミステリーベストテン

1. **友が消えた夏 終わらない探偵物語**
門前典之／光文社文庫
2. **火蛾**
古泉迦十／講談社文庫
3. **新任警視 上下**
古野まほろ／新潮文庫
4. **Y駅発深夜バス**
青木知己／創元推理文庫
5. **欺瞞の殺意**
深木章子／角川文庫
6. **村でいちばんの首吊りの木**
辻真先／実業之日本社文庫
7. **あの子の殺人計画**
天祢涼／文春文庫
8. **道化師の退場**
太田忠司／祥伝社文庫
9. **幸せな家族 そしてその頃はやった唄**
鈴木悦夫／中公文庫
10. **切願 自選ミステリー短編集**
長岡弘樹／双葉文庫

第二位は、なんと親本刊行から二十三年目にしてついに文庫化と相成った、第十七回メフィスト賞受賞作の古泉迦十《こいずみかじゅう》『**火蛾**』。

舞台となるのは、十二世紀頃の中東。諸国を遍歴し、神の友たる聖者たちの逸話や伝承を収集している詩人のファリードは、ある高名な聖者に関連したウワサを耳にする。これまでその流派に連なる人間に出会うことは叶わなかったのだが、なんと聖者の法燈を継ぐ者がいるというのだ。喜んだファリードは遠い道のりをものともせず、取材するために遥々その者を訪ねる。穹廬《きゅうろ》（テント）で対峙した男はファリードに、アリーという名の行者の物語を語り始める。それは影のみで姿を顕さない導師と四人の修験者だけが住む《山》で起きた、不可解な連続殺人事件の顛末だった……。

初版帯の「唯一無二のイスラーム神秘主義本格!!」という惹句のとおり、類のないユニークな舞台設定とテーマで、いままで読んだことのないタイプの作品をお探しの向きには、恰好の一冊といえる。しかしそれゆえ、逆に難解さを警戒してしまう向きもあるかもしれないが、心配なさらず。文章は格調高く簡潔で、登場人物もごくわずか。するすると読み進めていった先で、見えていた世界がぐるんと裏返り、大きく膝を打つような瞬間をぜひ味わっていただきたい。親本刊行当時、年末の各種ランキングにも挙げられ、好評を博したことにも頷けるはずだ。

三位の古野まほろ『**新任警視**』は、東大法学部卒業後、二十五歳の若さで警視に昇進した主人公が、最初の赴任先で公安課長を命じられる――といった内容で、いわゆる〝キャリア〟にスポットを当てた警察青春小説のように思われるかもしれないが、さにあらず。確かに、役職を拝命してからの細かな手続きや挨拶回りなどのディテール、いきなり親ほど年齢の離れたベテランなど何十人もの猛者たちを部下として指揮し、武装カルト教団を相手にしなければならない展開の面白さは、元警察官僚だった著者ならでは。しかし忘れてはならない。古野まほろが伏線とロジックの鬼ともいえる本格ミステリ作家であることを。そうなのだ、じつは本作、前任の公安課長がよりにもよって一番事件が起こってはいけない場所――警察署内で何者かに殺されてしまうという鉄壁の謎を扱ってもいて、警察小説には食指が動かない謎解きミステリファンも目が離せない。さらには、あるジャンルの要素もこっそり含まれていて、まさにエンタメ満漢全席のような大盤振る舞い。下巻で描かれる大ボリュームの解決編は圧巻。そして胸熱くなる名場面が待ち構えているので、乞うご期待だ。

デザイン・新潮社装幀室

第四位の青木知己『**Y駅発深夜バス**』は、五つの高水準でヴァラエティ豊かな謎解きが並んだ作品集。日曜日の夜に終電を逃した男が、Y駅から乗った深夜バスで異様な光景に遭遇するも、後日、そのバスの運行が平日だけだと知り、さらに驚きの真相に至る表題作。隣家の塀にずらりと並んだ猫避けのペットボトルが、女子中学生の受難と思いも寄らない形で結び付く「猫矢来」。別荘で発生した指輪盗難事件をめぐる「読者への挑戦状」を掲げた犯人当て「ミッシング・リング」。ある法則性を持つ謎の伝染病について聞かされた雑誌編集者が、推理の果てに悪夢のごとき結末を迎える「九人病」。寝台特急《富士》の車内で愛人殺害計画を実行に移したミステリ作家が、予期せぬ事態に次々と襲われる「特急富士」。ミステリの面白さが凝縮された、会心の一冊だ。

第五位の深木章子『**欺瞞の殺意**』は、アントニー・バークリー『毒入りチョコレート事件』を起点とする、ひとつの事件や謎に対して複数のキャラが推理し合う、いわゆる〝多重解決〟ものの流れを汲む作品。昭和の時代に無実でありながら毒殺事件の犯人として服役した元弁護士と、事件関係者のひとりの女性。かつて強く惹かれ合っていたふたりが、人生の終盤に往復書簡を通じて、あの事件の真相に迫っていく。

繰り返す推理とお互いの揺れる恋情が結びついた、抒情的な大人の手紙小説として読ませるが、美点はそこだけではない。さらにその先で、誰も予想できないような着地点を迎えるからまったく油断がならない。

　手紙が重要な役割を果たすミステリといえば、第六位の辻真先**『村でいちばんの首吊りの木』**も忘れてはならない。右の手首が切断された女性の死体を残して下宿先から失踪した長男の無実を訴える母親と、受験を控えた次男との間で交わされる手紙。

CD・石松経章

著者最初期の短編だが、長いキャリアのなかでもトップクラスの出来栄え。続くふたつの収録作、「妻」と「娘」の独白と日記で描かれる「街でいちばんの幸福な家族」、人間ではない意外なものたちが語り手を務める「島でいちばんの鳴き砂の浜」も表題作に勝るとも劣らない内容で、なぜこれまで文庫化される機会を逸してきたのか、首を傾げずにはいられない。巻末の辻真先×阿津川辰海 特別対談も読み応えがあり、二二〇ページという比較的スリムながら充実の一冊だ。

　七位の天祢《あまね》涼《りょう》**『あの子の殺人計画』**は、子供の貧困や虐待など深刻な社会問題をテーマに、捜査一課の真壁と生活安全課の仲田蛍、刑事ふたりの活躍を描いた好評シリーズの第二弾（前作『希望が死んだ夜に』を未読でも問題ない）。

　躾の厳しい母を持つ小学五年生の少女が、先生や同級生の指摘によって自身が虐待されている可能性に気付く。いっぽう真壁は、風俗店オーナー殺害事件を追っているが、カギを握る女性には娘と一緒にいたというアリバイがあり、仲田の助力を得て捜査を進めていく。シリーズ中でも屈指の仕掛けによって明らかになる胸をえぐられるような真相。ある人物が上げる痛切な叫びとラスト一行が忘れがたい。

　忘れがたいラストといえば、八位の太田忠司**『道化師の退場』**もオススメ。往年の名優にして名探偵の顔も持つ桜崎真吾は、すい臓がんにより余命半年と宣告されていた。そんな彼のもとにひとりの青年が訪ねてくる。女流作家刺殺事件の容疑者とされ、自殺した母親の身の潔白を信じる青年は、その真相究明を桜崎に依頼するが……。巻末の「あとがき」とあわせ、その野心的な試みを見届けるべし。

　九位の鈴木悦夫**『幸せな家族　そしてその頃はやった唄』**は、書店の店頭用POPに「無数の少年少女を驚愕させた〈トラウマ児童文学No.1〉」とあるとおり、一九八九年の刊行以来、読み継がれてきたジュヴナイル・ミステリ。保険会社のCMキャンペーンのモデルとして選ばれた〝幸せな家族〟が、不穏な唄の歌詞をなぞるように次々と変死を遂げていく。確かにトラウマ級の真相だが、それだけに留まらない要素を汲み取っていただきたい。

　第十位は、短編の名手である長岡弘樹が自らチョイスした傑作選**『切願　自選ミステリー短編集』**。五つの収録作はいずれもさすがの内容だが、注目は小説推理新人賞受賞作「真夏の車輪」。これまで未刊だった著者の原点が、加筆修正を経てついに日の目を見ることに。一読、名手はやはり最初から只者ではなかったのだと実感。

100年前の鳥瞰図から珍地名の旅まで面白地図本ではいチーズ！

内田 剛

「雑草という名の草はない」と言ったのは牧野富太郎だが、「雑学という名の学問はない」とは誰の言葉だったか思い出せない。ともかく書店の文庫棚の片隅に追いやられている感のある雑学文庫コーナーであるが、雑草のような生命力でしたたかに生きている。

　さて雑草といえども枯らしてはいけない。というわけで10位の松原始**『カラスは飼えるか』**（新潮文庫）から話を始めよう。カラス博士によるためになるエッセイだがネタが豊富で涸れることがない。鳥類は世界に1万種余りいて、カラスも40種（！）もいるとは驚き。カラスは食えるかの疑問にも瞬間回答。低温調理がおススメらしい。（しかしおススメはしない。）全力でフクロウを嫌うカラスの姿はユーモラスだが、基本は飼えないのだ。その理由はぜひ本書をお読みいただきたい。カラスが見られるスポットを紹介した巻末付録のカラス情報もお見逃しなく。ともあれ愛されないカラスの生態を情熱こめて語る姿勢が素晴らしい。

　9位はどうする？　ならば「どうする家康」の看板を頼って小和田哲男**『徳川15代の通信簿』**（だいわ文庫）に決めよう。大河ドラマの時代考証を担当する小和田先生の評価なら間違いない。戦国争乱に終止符を打った男・家康の満点評価は当然。存在感の薄い二代将軍・秀忠は平均点よりやや上。生まれながらの将軍・家光もまずまずの評価。さて綱吉、吉宗、慶喜の結果はいかに。予想しながらページをめくってもらいたい。教科書で馴染みある将軍たちがいれば、幼くして将軍になったり、病弱であったり、正座もできず、言葉も明瞭でなかったマイナーな人物もいた。知られざる徳川将軍の事績を俯瞰しながら江戸２６０年の歴史を手軽におさらいできる。受験の友にも酒の肴にもなる貴重な一冊だ。

　8位は歴史つながりで知的好奇心を存分に満たしてくれる河合敦**『本当は近くにある大正時代』**（光文社知恵の森文庫）にしよう。わずか15年という短さに明治と昭和に挟まれて地味な印象の大正時代。関東大震災に東日本大震災、スペイン風邪に新型コロナ。ロシアの脅威や経済に文化など、実は現代日本とよく似ているという視点が

CD・吉永昌生

新鮮だ。序盤はクールな河合先生。だんだん口もなめらかになって終盤の脱線が面白い。熱く語るは人見絹枝に知里《ちり》幸恵。伸びやかなこの書きっぷりの自由さは雑学文庫の醍醐味かもしれない。その名前同様にカワイイ人間味が魅力的だ。

大正時代はいまから約100年前。とすれば世界も気になり村山秀太郎『**百年前を世界一周　写真で巡る憧れの都市の今昔物語**』（ビジュアルだいわ文庫）を眺めて、こちらを7位としよう。オールカラーの395点の写真がなんともぜいたく。これで本体1000円とはコスパも最高。値上がりばかりで音を上げる日常だから嬉しい。

雑学ベストテン

1. **100年前の鳥瞰図で見る東海道パノラマ遊歩**
   荻原魚雷、パノラマ地図研究会編／ビジュアルだいわ文庫
2. **国道者　拡幅整備済**
   佐藤健太郎／光文社知恵の森文庫
3. **ふらり珍地名の旅**
   今尾恵介／ちくま文庫
4. **ふらりと歩き ゆるりと食べる京都**
   柏井壽／光文社知恵の森文庫
5. **愛と情熱の山田うどん　まったく天下をねらわない地方豪族チェーンの研究**
   北尾トロ、えのきどいちろう／河出文庫
6. **怪仏異神ミステリー**
   本田不二雄／王様文庫
7. **百年前を世界一周　写真で巡る憧れの都市の今昔物語**
   村山秀太郎／ビジュアルだいわ文庫
8. **本当は近くにある大正時代**
   河合敦／光文社知恵の森文庫
9. **徳川15代の通信簿**
   小和田哲男／だいわ文庫
10. **カラスは飼えるか**
    松原始／新潮文庫

ちなみにこのシリーズは現在41冊のラインナップであるが超おススメで、我が家の書棚にはちょっとした書店以上にコーナーができている。（そろそろ棚プレートも必要かもしれない。）昨年の雑学文庫ランキング10位にあげた『道ばた仏さんぽ』もいいし、惜しくも漏れた『きれいなだけじゃない石図鑑』に『ふしぎな鉱物図鑑』も素晴らしかった。籔内佐斗司『仏像風土記』（東国と西国の2分冊）という名著もある。さらに今年刊行された佐藤晃子『知れば知るほどおもしろい女性画の秘密』も永久保存の一冊だ。いやー、これは普通以上に凄い。

おっと、つい興奮しすぎたが本書の内容に戻る。著者は世界史塾バロンドール主宰でスタディサプリ講師。アルバムをめくりながら世界53都市をタイムトラベルできる価値ある一冊だ。昔と今の写真を見比べながら時の流れを体感できる。外壁すらできていなかったサグラダ・ファミリア、オイルマネーで高層ビル街となった新興都市ドバイやバクー、小さな漁村から大都会になった上海。ほどんと変化のない風景があれば、劇的に変貌を遂げた場所もある。その

理由を噛みしめながら楽しみたい。日本の5都市も収録されているので要チェックだ。

そして6位入賞の発表に移ろう。今年の雑学文庫界の「このミステリーがすごい！」といえば本田不二雄**『怪仏異神ミステリー』**（王様文庫）だろう。表紙を開いた瞬間に、一度見たら忘れられないインパクト。おぞましい口絵の写真にゾッとさせられる。これは今夜の夢に出てきそうだ。覆面千手観音、しばられ地蔵、ガリガリのやせ仏、アフロ頭髪の阿弥陀仏。異形の像たちはなぜ生まれたのか？　神仏探偵である著者が果敢に挑む。タダならぬオーラを感じる一冊である。南無阿弥陀仏。

続いて5位は、すぐ「そば」に置いておきたい本、北尾トロ・えのきどいちろう**『愛と情熱の山田うどん　まったく天下をねらわない地方豪族チェーンの研究』**（河出文庫）だ。埼玉のソウルフードを、あらゆる角度から分析したマニアックな一冊。全編から異様なノリが伝わってくる。単行本時の担当編集・武田砂鉄氏の解説もまた読みどころのひとつだろう。本書は『愛の山田うどん』と『みんなの山田うどん』という単行本2冊の美味しいところ取りをした本である。角田光代による山田うどん小説「おまえじゃなきゃだめなんだ」が漏れてしまったのが残念であるが内容は特濃。うどん店というよりも今やファミレスのようなイメージであるが、そのルーツからひも解いていく。工場見学に調理体験に学術的な論考まで。しかし検索ワード「山田うどん　まずい」の秘密に迫るとはすごい。あの案山子マークがいつしか笑顔になっていたり、タンメン専門店ができていたりと、話題は尽きない。そして髙村薫『冷血』にまで登場していたとは。「だうどん」「やまう」と呼んでいるコアなファンにはたまらないが、未体験の方にこそ知ってもらいたい山田の世界。この圧巻の熱量は冷めることはないし、もしかしたらあなたの人生を変えてしまうかもしれない。思わぬ火傷にお気をつけください。

ご当地本といえば柏井壽**『ふらりと歩きゆるりと食べる京都』**（光文社知恵の森文庫）の充実ぶりに目を見張り、4位にランクイン。帯には「京都「食べ散歩」本の決定版！」とあるがまさにその通り。極力、人混みをさけて〈七つの道〉へ。一般のガイドブックには掲載されていない路地裏の名店がズラリと並ぶ。気になる店をチェックしていたら付箋だらけになってしまった。巻末の地図やお店ガイドも懇切丁寧でサービス精神満点。胃袋はひとつしかないから、これはもう京都に暮らすしかないのでは？　新書からの文庫化だが唸らせるほど細やかに書き加えられているからこれは大満足だ。個人的に読みたかった「千本釈迦堂」の記述に「ここでは省くこととする……是非とも既著をお読みいただきたい」とあってズッコケそうになったが、そんなイケずなところもご愛敬。さすが京都人の率直さが清々しい。

今尾恵介**『ふらり珍地名の旅』**（ちくま文庫）も面白い。こちらを堂々たる第3位

CD・米谷テツヤ

の銅メダルとしよう。地形図を片手に思い立ったら旅の空。その気ままさがとてつもなくたまらない。著作多数の人気著者であるが『地図バカ　地図好きの地図好きによる地図好きのための本』（中公新書ラクレ）も抱腹絶倒の内容で、これが文庫だったらランキング1位間違いなしだった。ときおり繰り出されるダジャレにも共感。音羽珍事町、雨降、昼飯、前後、浮気などなど、珍地名をたどる道中がこんなにも魅力的とは。日本という国の底知れぬ奥深さと同時に、楽しむ極意を心得た地図研究家・今尾恵介の趣味人としての凄みを思い知った。

　ダブル「ふらり」で渋滞中だが、佐藤健太郎**『国道者　拡幅整備済』**（光文社知恵の森文庫）は「キラリ」と光る存在感で、ギンギラギンの第2位だ。「新潮45」の連載から単行本となり7年を経ての待望の文庫化。極道者のようなタイトルの響きに「増補版」とは呼ばせない実にオシャレなサブタイトル。天下の国道といってもピンキリだ。大動脈となる幹線道路もあれば車も寄せつけない（！）「酷道」だってある。全国唯一の階段国道、永遠の開かずの国道、道路元標のある日本橋など。あの「いろは坂」はちゃんと48か所のカーブを持つ国道だったとは。誰もが知る道あれば、未知なる道に出会うこともまた楽しいのだ。権力者のエゴもカタチとなった、まさに現代史の生き証人でもある国道の旅。どこまでも興味の尽きない一冊である。

CD・アフターグロウ

　そして、お待たせいたしました。栄えある金字塔の1位は、これまた１００年前がテーマという奇遇と贔屓レーベルという評価ポイントも重なって文句なしに荻原魚雷著・パノラマ地図研究会編**『１００年前の鳥瞰図で見る東海道パノラマ遊歩』**（ビジュアルだいわ文庫）だ。賞品は何も出ませんが、おめでとうございます。本書を店頭で見かけた瞬間、あまりにも美麗なジャケットに鳥肌が立つくらいの衝撃が走り、小躍りしてしまった。決して侮るべからず雑学文庫。一生モノの価値がある。鳥瞰図といえば問答無用で吉田初三郎でしょう、と思いきや何と巻末に押しやられており、メインは清水吉康の手によるもの。意外やこちらも新鮮な味わいがあってよいのだ。構成は１９２９（昭和４）年に描かれた「東海道パノラマ地図」に旧東海道とＪＲ東海道本線のルートが示された現代の地図も併載。過去と現在を行き来しながら日本橋から京都・三条大橋までの東海道五十三次を辿ることができる。鳥瞰図の他に観光名所や主要都市などは別ページに。文庫というサイズでは虫眼鏡がないと厳しいのだが、資料的な価値もあるからその欠点を補って余りある内容だろう。最終章には、先に挙げた吉田初三郎だけでなく菱川師宣《もろのぶ》に歌川広重の東海道図まで収録。なんとも豪華な一冊である。ともあれこの本を手にして新幹線に乗るのが楽しみだ。

　はからずも上位は地図関係の作品が並んでしまった。ということで記念撮影「はい。チーズ（カシャ）」。おあとがよろしいようで。

戦闘真っ只中で命を救う『紛争地の看護師』を読むべし！

東 えりか

いつからだろう、世界が平和でないと気付いたのは。２０１１年の東日本大震災から加速度的に世の中が不穏になってきた気がする。毎年言われる異常気象、新型コロナのパンデミック、ウクライナやガザの戦争など、生きるために知らなきゃいけないことが多すぎる。ノンフィクションはいまを生きるための道しるべなのだ。だから今年はいま読むべき本を第一位にした。

『紛争地の看護師』は国境なき医師団（ＭＳＦ）の看護師として派遣されたシリア、イエメンなど戦闘の最前線で行った医療行為を克明に綴った体験記。単行本発売後には米軍撤退後のアフガニスタンにも赴き、その様子も加筆されている。

５年経って文庫化されたのは２０２２年にウクライナ戦争が起こり、日本人にも〝戦争〟を身近に感じる人が増えたからだろう。

だがまさか文庫発売直前にイスラエルのガザ攻撃が始まるとは。著者は２０１６年にガザに滞在していた。戦闘状態ではなかったにせよ、緊迫した様子がうかがえる。

戦闘真っ只中で自分を守りながら負傷者の命を救うことがどれだけ難しいかを曝《さら》け出す。手足をもがれた子どもは、いまここで命を救ったところで先は全く見えない。

しかし見捨てることはできないのだ。現場を体験した記録は尊く、大事にしたい。

新型コロナパンデミックは一応落ち着いたように見える。２０２０年の緊急事態宣言のころが遠い昔のように思える。

CD・名久井直子

あのような感染症は予測できなかったのか、パンデミックを起こす前に手はなかったのか。アメリカの失態を綿密に描いたのが名著『マネー・ボール』の著者マイケル・ルイスの**『最悪の予感　パンデミックとの戦い』**だ。

流行初期、トランプ大統領は「ウィルスは奇跡のように消えるだろう」など楽観的な意見を発信し、ＣＤＣ（疾病予防管理センター）も積極的な介入を行わなかった。

だがジョージ・Ｗ・ブッシュ大統領時代、パンデミックに対するさまざまな検討がされていたことを本書では明らかにしていく。

中学生のアイデアからカリフォルニア州の保健衛生官、数理的な方法で分析していた「ウルヴァリンズ」と呼ばれる医師グループなど、もし彼らの施策が実現していたら、世界最大のコロナ敗戦国と言われたアメリカの状況は変わっていたにちがいない。

他山の石として、この失敗を日本のために生かすことを考えるべきだろう。

天災はいつ来るかわからない。備えはすべきだが完璧には無理だ。だがそれに伴う人災は防げたはずだ。東日本大震災の津波による福島第一原発事故はそれを思い知らされた。

『孤塁』は原発が暴走し恐怖が迫りくる中、奮闘した福島県双葉郡の消防士たちの物語だ。彼らは、情報が錯綜する中で地震・津波被害者の救助や誘導を行わなくてはならなかった。

本書は発生した3月11日から月末まで、不眠不休で救助を行った消防士たちひとりひとりの声を聞き取った緊迫のルポルタージュ。文庫版には「『孤塁』その後」が加筆されている。

救護のプロたちの詳細な記憶は貴重だ。その記録を残すことがノンフィクション、ルポルタージュの使命であると痛感した。第42回本田靖春ノンフィクション賞受賞作。

記録は更に遡る。今年、発生から百年経った関東大震災。写真記録も多く残るなか**『関東大震災 文豪たちの証言』**は未曽有の天災を経験し生き残った小説家や詩人、学者たちが書き残したものを集めた貴重な資料集である。

340万人に及ぶ被災者の中にいた大正ジャーナリズムの最前線で活躍した物書きは、競ってその記録を雑誌に残した。

萩原朔太郎の朝鮮人虐殺を憂うる詩。室生犀星や泉鏡花の日記。フランス駐日大使で劇作家ポール・クローデルの日本論。与謝野晶子など女性作家の体験や大杉栄の虐

ノンフィクションベストテン

1. **紛争地の看護師**
   白川優子／小学館文庫
2. **最悪の予感　パンデミックとの戦い**
   マイケル・ルイス、中山宥訳／ハヤカワ文庫NF
3. **孤塁　双葉郡消防士たちの3・11**
   吉田千亜／岩波現代文庫
4. **関東大震災　文豪たちの証言**
   石井正己編／中公文庫
5. **エデュケーション　大学は私の人生を変えた**
   タラ・ウェストーバー、村井理子訳／ハヤカワ文庫NF
6. **中世ラテン語の辞書を編む　100年かけてやる仕事**
   小倉孝保／角川ソフィア文庫
7. **こどもホスピスの奇跡**
   石井光太／新潮文庫
8. **2050年のメディア**
   下山進／文春文庫
9. **国道16号線　「日本」を創った道**
   柳瀬博一／新潮文庫
10. **砂の果実　80年代歌謡曲黄金時代疾走の日々**
   売野雅勇／河出文庫

殺を悼む文章など読みごたえたっぷりだ。
個々の記録を文学として残したいという決意が伝わり、災害現場などの臨場感に息を飲む。東京直下型大震災は確実にあると言われている。市井の我々が本書から学ぶべきことは何だろうか。

『エデュケーション　大学は私の人生を変えた』は日本でも問題になっている宗教二世当事者の告白。著者は現在ハーバード大学の研究員。歴史家でエッセイストだ。彼女は反政府主義を貫くモルモン教徒の両親のもと七人兄弟の末っ子として生まれた。

CD・早川書房デザイン室

学校へは通わせてもらえず、両親から科学や医療を否定した偏った教育を受け、廃品回収やスクラップなど父の仕事を手伝わされていた。母は薬草を使った民間療法で大成功し地域の信頼を得ている。

だが兄の一人が親を捨てて大学に入学したことから世界が広がった。猛勉強の末、彼女も大学に進学し、その後ケンブリッジ、ハーバードとキャリアを積み重ねていく。しかしそれは親との決別を意味していた。

父や兄弟からの執拗な暴力や精神的虐待を繰り返し受けながら完全に家族を切り離せない辛さを正直に告白している。知識は力だ。だが情が無くなるわけではない。サバイバーの貴重な記録である。

知識は蓄積である。後の世のため、得た知識は残されなければならない。

『中世ラテン語の辞書を編む』は百年の歳月をかけて英国で完成された『英国古文献における中世ラテン語辞書』がどのように作られたのかを追ったルポルタージュだ。

そもそもなぜ英国で中世ラテン語辞書が必要なのか。それは「法の支配」を説いたマグナ・カルタなど宗教や文学、王室に関した文章はすべて中世ラテン語で書かれているからだという。

１９１３年、英国はこの辞書の作成プロジェクトを始動させ、２０１３年に完成させた。

驚くのは専門家だけが携わったわけではなく、一般市民が様々な文献から言葉を抜き出し、カードに書き写す「ワードハンター（言語採取者）」というボランティアを行っていたことだ。その数は百人から二百人になる。

まさに英国版『舟を編む』の世界。しかしその道程は緩やかに進む。長い時間をかけて蓄積されたものは急くべからず。そんな思いを抱かされた。

『こどもホスピスの奇跡』は貧困や災害、医療などを精力的に取材するノンフィクション作家、石井光太が4年をかけて難病の子どもに寄り添った力作。第20回新潮ドキュメント賞を受賞している。

２０１６年、大阪市の鶴見緑地に日本初の民間小児ホスピス「ＴＳＵＲＵＭＩこどもホスピス」がオープンした。ホスピスと言っても大人の病気のような終末期のためだけではなく、難病の子どもたちと家族に対し、本来の語源である「一時的な休憩を与える場」として企画され建設された。病院以外の世界を知らない子や不治の病を抱えた子とその家族を、介護や看護のプロたちが見守り過ごしてもらうという目的だ。

この施設を利用することで小児がんをはじめとした難病の子どもたちのクオリティライフは格段に上がった。続いて横浜にも開所された。さらに各地で計画が広がっているという。注目していきたい。

『2050年のメディア』は著者が出版業界に入った1986年から32年間で興廃したメディアを俯瞰した一冊だ。序章では2018年正月に読売新聞の渡邉恒雄が「読売はこのままではもたんぞ」と言い放ったことが紹介されている。現在ではその現象が更に進んでいるのはご存知の通りだ。もちろん原因はインターネットにある。

では新聞をはじめとした旧メディアはどうしたら生き残れるのか。プラットフォーマーはどんな戦略を立てたのか。読売新聞、日経新聞、ヤフーを主軸に物語は進む。

本書は2050年を見据えて書かれたノンフィクション。だが既に時代は進み20年後にはプラットフォーマーさえ形を変え、スマホも必要無くなると言われている。後の歴史資料として本書は欠かせない。新たなパラダイムはすぐそこに迫っている。

デザイン・永井 翔

東京を囲むように一周している国道、古代から残るこの道が日本の文明と文化、政治と経済の形を作り上げてきたという、**『国道16号線 「日本」を創った道』**の歴史は旧石器時代にまで遡り、平安、鎌倉、戦国時代、とその役割を変え、江戸幕府開府と繁栄をこの道が担ってきたのだ、と著者はいう。

開国後、日本の殖産興業産業も港の立地条件に恵まれ、航空基地も沿線に作られたことで発展。敗戦後に日本人を勇気づけたのがこの沿線を通って浸透したアメリカ文化だった。

高度成長期から現代にかけて鉄道網の発達により、都内に通うのに便利なベッドタウンとなり、家族が快適に過ごせるようにショッピングモールが充実していく。人々は16号線沿線に常に集まっていた。

その理由を著者は地形に見た。この沿線には「山と谷と湿原と水辺」がワンセットになって多く存在していた。古代から安全に住むための必要条件が満たされていたのだ。見事な推論に唸らされ、人が快適に住むための条件を考えさせられた。

人には娯楽が必要だ。その筆頭に歌がある。ここ数年、70年代から90年代の歌謡曲が世界的に人気を誇っている。

『砂の果実 80年代歌謡曲黄金時代疾走の日々』は当時の売れっ子作詞家、売野《うりの》雅勇《まさお》の回顧録である。

中森明菜をスターにして、チェッカーズ、郷ひろみ、ラッツ&スター、稲垣潤一など歌の上手いアイドルたちを支えてきた。

本書で紹介されたエピソードの中で印象深いのは矢沢永吉と坂本龍一。「男気」などと言えば、顔をしかめる人もいるだろうが、やはり彼らに惚れる気持ちがわかる。

あの時代の言葉のセンスはいま歌っても心の深いところにある琴線に触れる。バブルと仇花というならそれも良し。一つの時代の証である。

デビュー10年で13カ月連続刊行を達成した「ダンまち」シリーズが凄い！

タニグチリウイチ

上を見れば『とある魔術の禁書目録』シリーズの鎌池和馬が、28カ月連続という記録で高くそびえ立っているが、『**ダンジョンに出会いを求めるのは間違っているだろうか**』で2013年にデビューした大森藤ノが、2022年10月から2023年10月まで続けた「ダンまち」シリーズの13カ月連続刊行も、ライトノベルの世界で燦然と輝く金字塔だ。

英雄になりたいという夢を抱いて、ダンジョンがある都市オラリオにやって来たベル・クラネルという少年が、ヘスティアを主神とした【ファミリア】に入り、ひとりまたひとりと仲間を得て冒険を繰り広げながら、強くなっていくストーリー。ベルの引き抜きを狙う他の神様たちのちょっかいを退ける戦いがあり、知性を持ち会話が可能なモンスターとの共存を模索する重たいドラマもあって、10年を読ませ続けた。

連続刊行では、ベルが強い憧れを抱き、そのことがベルの急成長の源泉になっている少女剣士のアイズ・ヴァレンシュタインが所属する【ロキ・ファミリア】をメインに据えた外伝シリーズがあり、ベル以外の登場人物たちがどのような経緯を辿ってきたかを描くシリーズがあり、ベルが愛読してきた英雄譚を綴ったシリーズもあって、物語の世界が広がって深みも増した。

そして本編では、18巻で壮絶な戦いが繰り広げられた先で、シリーズ最初期から燻っていた美の女神フレイヤとベルとの関係が決着を見せ、シリーズの読者を10年付いて来て良かったと思わせた。世界を脅かす黒竜との戦いという最後の壁が浮かび、ベルやアイズの力の源が次第に見えてきた中で、完結の時がジワジワと近づいて来ている。ベルが求めた出会いの行方やいかに？

喜咲冬子『**竜愛づる騎士の誓約**』は、上下巻で完結する物語の中で驚きの展開を見せてくれる重厚なファンタジーだ。島外から来た征服者が打ち立てた王国を、被征服者の子孫が領主となって守るようにして取り囲み、外界からやってくる悪竜退治を行っている。そんな世界観の上で、領主の養女で自分も悪竜退治の任に就きたいと願っているセシリアが、マルギットという名の王女の知遇を得て名を上げていく。

百合的シチュエーションを漂わせた忠義

装丁・ヤスダスズヒト
FILTH

の物語？　そう思わせておいて、王族の間に渦巻く謀略が露わになって、血生臭さが増していく。マルギット王女の命を惜しまず国のために立とうとし、混血種でも才能があれば配下に加える聡明さに惹かれたセシリアだったが、王女の内心には凄まじい野望が秘められていてセシリアを翻弄する。

仕える王のため、各地に出没する悪竜を領主たちが体を張って退治している忠義の構図にも、被支配者にとっての屈辱的な状況があったことが見えてくる。正義だけを拠り所にして来たセシリアに降りかかる過酷な現実。竜と騎士、剣と魔法に彩られたファンタジーでありながら、政治と権力のおぞましさを強く感じさせる作品だ。

デビュー作の『わたしはあなたの涙になりたい』で、少年と難病の少女との離別を描いて涙を誘った四季大雅による『**バスタブで暮らす**』は、社会や家庭と折り合えないまま迷い続ける若者の慟哭が聞こえてくるような作品だ。就職戦線をくぐり抜け、採用された外食産業で働き始めたもののすぐに激しいパワハラを受けた磯原めだかは、バスタブから出られなくなって家に引きこもる。父も母も兄も優しく接してくれて、自身もバスタブからVTuberとして配信することでかろうじて世界との繋がりを保っていたが、母がガンになったことで何かが変わり、めだかの目に母の顔が能面のように見えるようになる。

就職に苦労した人や、社会に出ても苦難を味わい続けている人の辛い記憶を刺激するところがあるシチュエーション。その結果として起こってしまった心の硬直に自分は、そして周囲の人はどう向き合えばいいのか。家族の協力か。自分から出て行く覚悟か。今もバスタブにこもりつづけている人に、明日へと続く道を指し示す小説だ。

ライトノベルベストテン

1. **ダンジョンに出会いを求めるのは間違っているだろうか**
   大森藤ノ／GA文庫
2. **竜愛づる騎士の誓約** 上下
   喜咲冬子／集英社オレンジ文庫
3. **バスタブで暮らす**
   四季大雅／ガガガ文庫
4. **僕らは『読み』を間違える**
   水鏡月聖／角川スニーカー文庫
5. **シャーロック＋アカデミー**
   紙城境介／MF文庫J
6. **帝国第11前線基地魔導図書館、ただいま開館中**
   佐伯庸介／ガガガ文庫
7. **ウィザーズ・ブレイン**
   三枝零一／電撃文庫
8. **死亡遊戯で飯を食う。**
   鵜飼有志／MF文庫J
9. **わたしの幸せな結婚**
   顎木あくみ／富士見L文庫
10. **妹が女騎士学園に入学したらなぜか救国の英雄になりました。ぼくが。**
    ラマンおいどん／富士見ファンタジア文庫

ファンタジーやラブコメが主流となっているライトノベルだが、ここしばらくミステリの良作が続々と登場している印象。第27回スニーカー大賞で《銀賞》の水鏡月《みかづき》聖《ひじり》**『僕らは『読み』を間違える』**もそのうちのひとつで、太宰治「走れメロス」の中でディオニス王のところに戻ろうとしていたメロスを襲った3人の盗賊は誰かが雇ったものではないのか、芥川龍之介の「藪の中」で盗賊を殺したのは本当は誰なのかを、それぞれの作品に書かれた内容から読み解こうとする。

本が絡んだ事件の謎を解くビブリオミステリなら、三上延『ビブリア古書堂の事件手帖』などがあってジャンル内ジャンルとして盛んだが、こちらは小説の読み方そのものに推理を働かせるところが特徴。2巻でもシェイクスピアの『ヴェニスの商人』でシャイロックが債務者の肉を1ポンド切り取ると言い出す事態の裏に、ある謀略があったのではと深読みする。そんな本の「読み」の面白さと同時に、人の心に対する「読み」の難しさも教えてくれる作品。恋心を正しく読む名探偵が欲しくなる。

紙城《かみしろ》境介**『シャーロック+アカデミー Logic.1 犯罪王の孫、名探偵を論破する』**は、探偵と犯罪者が対峙する世界を舞台にしたミステリ。探偵王の養女として育ち、13歳で探偵としてデビューしてから1度も犯人を逃したことがない天才少女の詩亜《しあ》・E・ヘーゼルダインが、日本にある探偵養成学園に入って臨んだ入学式。教師が刺された事態に新入生が挑む一種の模擬試験が課され、詩亜が鮮やかに解き明かす。

装丁・AFTERGLOW

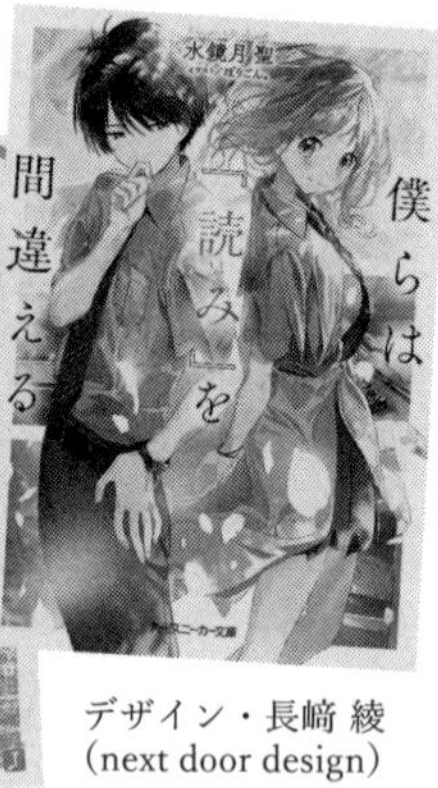

デザイン・長崎 綾
(next door design)

ところが、遅れて到着した少年が、より真相に近い回答を示して詩亜を驚かせる。不実崎《ふみさき》未咲《みさき》という名の少年は、探偵王と対峙して来た犯罪王の孫として育ちながら、探偵を目指すことにして探偵学園に入学した。そして始まる詩亜と未咲による推理合戦。2巻では、犯罪王の不実未全《みぜん》が作ったという犯罪計画書のひとつで、密室での連続殺人を起こす〈マクベス〉をめぐって殺し合いが起こる中、未咲と詩亜が真相に挑む。お嬢様に見える詩亜が実はニート気質だったり、未咲を助ける宇志内《うしない》峰花《ほうか》という少女に秘密があったりと、キャラクターの設定も多彩で奥深い。事件の手掛かりがすべて太字で書かれているところも挑戦的。応えて真相を暴けるか?

『昔勇者で今は骨』の佐伯庸介による**『帝国第11前線基地魔導図書館、ただいま開館中』**は、魔族によって構成された魔王軍と、人類による連合軍の戦いが長く続いている世界が舞台。帝国の第11前線基地にある図書館にカリアという名の司書が赴任し、本を整理し貸し出しを行う司書としての仕事をこなし始める。いわゆるお仕事小説かというと、実際はハードな戦場小説だ。

カリアには魔導書を扱う能力があって、戦況を劇的に変える威力を繰り出すことができたが、核兵器にも似て諸刃の剣だけに安易に使うことはできない。やがて始まった魔族との決戦の中でカリアが下すある判断に、エスカレートしていくだけの戦いとは違った道を考えたくなる。本を読むことで心を安らげ、続きが読みたいからと戦場から生きて帰ることを願う兵士たちの姿に、本が持つ効用も感じ取れる作品だ。

三枝零一**『ウィザーズ・ブレイン』**シリーズも、紛争を止めるための決断が描かれる物語だった。凍える世界で人類と魔法士とが生き残りをかけて激突する厳しい状況を、双方が手を組むしかないように変えようとしてひとり戦ってきた天樹錬のストーリーが、最新刊の『ウィザーズ・ブレインX　光の空』で完結。対立を繰り返した果てに、どちらかが殲滅されるしか道がないように見えていても、救いを求めてあがくことは大切だと教えてくれる結末だった。人類と魔法士がたどり着いた世界はどのようなものか？　答えは本に。

金のために命をかけられるかという問いに、その行動で答えてくれる少女が主人公の鵜飼有志**『死亡遊戯で飯を食う。』**。金持ちたちが隠れて楽しんでいるギャンブルは、少女たちが参加して命のかかったゲームを競い合い、賞金の獲得を目指すという残酷なもの。そのゲームに、幽鬼というプレイヤーネームで参加している少女が、閉じ込められた館から数々の罠をくぐり抜けて脱出しようとしたり、敵と味方に分かれて殺し合う競技に挑んだりするエピソードが積み重ねられていく。スリリングな遊びに身を投じる少女たちの多くが、人生を変えたいからと命を賭けるのに対して、連勝記録を作りたいからと遊戯に挑み続ける幽鬼の虚ろな心境が寂しく、そして恐ろしい。

薄幸の少女が酷薄そうな男性に嫁ぐことになって、意外ともいえる幸せな関係を築くシンデレラストーリーが流行っている。その中心にあるのが顎木《あぎとぎ》あくみ**『わたしの幸せな結婚』**だ。異能を持つ家系に産まれながらも能力が現れず、虐待され続けていた斎森《さいもり》美世という女性が、家に来る婚約者をことごとく叩き出すことで冷酷無慈悲と言われてきた久堂清霞《きよか》に嫁ぐことになる。そこで美世の真摯さが認められ、交流が始まり愛情が通うようになる展開が共感を誘い、小説としてベストセラーになり実写映画になりテレビアニメにもなった。

国家を揺るがす謀略に清霞が立ち向かい、そこに美世の異能も大きく関わってくるダイナミックな展開を経て、たどり着いた7巻でようやくタイトル回収となる〝幸せな結婚〟を成し遂げたが、国体の混乱を狙った騒動は続きそう。それに結びつきを強めた清霞と美世がどう向き合っていくか。これからの展開が気になるシリーズだ。

ハードでシリアスな作品ばかりが続いて、気分も沈みがちとなっている頃合いだけに、ノーストレスで読める作品を最後に紹介。ラマンおいどん**『妹が女騎士学園に入学したらなぜか救国の英雄になりました。ぼくが。』**は、自分はただの庶民だからと強さをまるで自覚してない男が、アマゾネスの国を従え、凶悪な怪物を倒し、暗殺者の集団を手なずけ、幻のエルフを見つけ、貴重な資源も手に入れてしまう無双ぶりを見せてくれて心を浮き立たせる。次に挑むのは神か、それとも異世界か？

法蔵館文庫の4年

◉戸城三千代

2019年に創刊した法蔵館文庫も、おかげさまで4周年。57冊を刊行してきた。創刊までの紆余曲折の経緯を思えば、よくぞ、ここまで来たものだ、という一抹の感慨がある。

10年前に話を戻してみる。出せば売れていた80～90年代の仏教書ブームも去り、当時の法蔵館は、ゆるやかに業績を減速させていた。弊社は仏教書の専門書出版社である。取り扱うのは少部数の高額な学術書から、100円の廉価な本まで、その価格帯は幅広い。その全価格帯で売上げが減少していたのである。仏教書をとりまく環境の変化もあっただろう。昭和52年に先々代社長が、すでにその問題を指摘している。

「仏書出版界は転換点に来ていると思われます。問題を数えあげれば、きりがありません。

一、専門書から一般書へ、研究ものから教養ものへ。

——読者からの要請を、東京の一般出版社に、ゆだねたままでよしとするか。売れない専門書だけを引きうけて、大手の企画にネタを提供するだけに甘んずるか。

二、大手と競合してやって行くとして、かれらとの販売力の落差をどうするか。

(以下略)」(「四代目七兵衛聞き書――すでにこの道あり」『仏教書出版三六〇年』より)

このあと続く先々代の言葉には、仏教書出版社としての矜持が熱く語られているのだが、「法蔵館の本は、売れなくて当然」という妙なプライドと諦観が当時の社内には流れていた。このままでは先細る未来しか見えない。

そんななか聞いた言葉が「法蔵館は、学術文庫の草刈り場」である。それは、こう続く。「法蔵館の本はいい本だ。業界で定評がある。だから格好の草刈り場＝宝庫なのだ。もっと自信と誇りを持つべきだよ」。衝撃であった。ならば、自分たちで文庫レーベルを立ち上げよう。それが2014年、今から9年前のことである。やろうじゃないか。まず自分たちの意識改革からだ。意気揚々と議論を開始した。

文庫のコンセプト

「文庫で広がる人文知」。従来の読者層を越えて、その外に広がる広大な読者の海へ。人文書や思想書にまでアグレッシブに展開しよう。そして書店の奥にある人文・仏教書の棚から、多様な読者が足を運ぶスクランブル交差点のような文庫棚への進出をめざすのだ。文庫棚1段を確保するために、まずは100冊めざして隔月で複数冊刊行。これが当初の目標であった。

検討開始して2年後の2016年には、文庫候補の書目は300点に及んだ。しかし、創刊は決断できずにいた。

その理由の一つとして、取次や書店さんから「無謀」と言われたことがある。無理もない。年々文庫の売上げが減少しているさなかの新規参入だ。懸念されて当然である。

しかし最大の理由は、私たち自身の間にも残る慎重論であった。無理もない。通常業務にくわえて、新レーベルの立ち上げである。不安の声が挙がってもおかしくない。文庫メンバーで原稿整理を地道に進めながらも、決断できないまま、さらに3年が過ぎた。

―いざ創刊！―

「やりましょうよ、文庫」。誰からともなく声が挙がったのは2019年の春だった。相変わらず勝機は見えないが、やるなら今しかない。えいやと決定したのが6月。夏を駆け抜け、11月に創刊の運びとなったのである。創刊ラインナップは、斎藤英喜著『増補 いざなぎ流 祭文と儀礼』、高崎直道著『仏性とは何か』（下田正弘解説）、キケロ著／八木誠一・八木綾子訳『老年の豊かさについて』。民間信仰、仏教書、ローマ哲学の3点だ。創刊の反響は大きかった。その後も、多彩なラインナップで挑んだ。養老孟司著『日本人の身体観の歴史』、小松和彦著『神々の精神史』、黒田俊雄著『王法と仏法』（平雅行解説）、森三樹三郎著『梁の武帝――仏教王朝の悲劇』（船山徹解説）、河内将芳著『信長が見た戦国京都』、星川啓慈著『増補 宗教者ウィトゲンシュタイン』なども売行き好調書だ。7世紀インドの寺院での日常生活を著した極めて専門的な資料『現代語訳 南海寄帰内法伝』の刊行時には、ゲームやアニメ作家の方々がSNSで歓喜する姿に驚いた。自分たちだけが面白いと思っていたはずの専門知にも、こんなに潜在的な読者がいたのか。配本のたびに、研究者、知識人、仏教界隈、読者など一部熱心なファンが、SNS等で「法蔵館文庫がアツイ」と宣伝してくださる。その反響に確かな手応えを感じた。社内の機運醸成の空気も確実に増していった。

2022年から、文庫創刊3周年フェアを展開している。真っ先に開催してくださったサンブックス浜田山さんをはじめ、書店員さんからの激励の声にも、大いに勇気づけられている。

そのような熱い声援をいただいている法蔵館文庫の成績はどうかというと、現実は厳しい。文庫棚になかなか並ばない。認知度もいまひとつ。「一般の書店では売らないのですか？」「関西でしか売らないのですか？」などと読者から質問が来る有様だ。おまけに粗利の計上は当分我慢だ。「え？ それ大丈夫なの？」と心配されるかも知れない。でもご懸念無用。文庫創刊以降、法蔵館全体の売上げは増加している。まるで森が海を育てるかのように、文庫が法蔵館に活気をもたらしていることは間違いない。では、その森を育てているのは、誰なのか――。

法蔵館文庫のロゴマークは、幸運を運ぶ花喰鳥。さながら人文知を広い読者の海へと運ぶ鳥のように、著者、読者、書店の皆様には引き続き、法蔵館文庫を育てていただきたい。まだまだ、やります、法蔵館。ですから全国の書店の皆様にお願い。法蔵館文庫を、ぜひ文庫棚に配架してください！

六年と一ヶ月で講談社文芸文庫を全部集めた話

かるめら

はじめまして、かるめらと申します。タイトルにある通り「六年と一ヶ月で講談社文芸文庫を全部集めた」人間です。二〇二二年一月にコンプリートした文芸文庫をSNSで公開したところ、予想以上に多くの方々に見ていただきました。以下では、文芸文庫を蒐集してきた中での出来事や思い出を綴っていきたいと思います。

その前に、講談社文芸文庫とは何か少し説明すると（『本の雑誌』読者の方はご存知だと思いますが）、講談社が一九八八年に立ち上げた純文学専門の文庫レーベルで、「戦後派」や「第三の新人」「内向の世代」と呼ばれる作家を中心に、小説や随筆、文芸批評、詩歌、戯曲など近現代の日本文学や海外文学を千三百冊以上刊行しています。

私が文芸文庫と出会ったのは当時大学二年生、二〇一五年夏頃で比較的最近ですが、吉田健一に興味を持ち、何か読んでみようと手に取ったのが最初です。記念すべき一冊目は『文学の楽しみ』でした。しかし、この時はまだ全て集めようとは思いませんでした。

それから少し後に私は庄野潤三と出会います。この出会いが大きかったように思います。『ザボンの花』を最初に読み感銘を受け、それから文芸文庫で出ていた庄野潤三作品を買い集めていきました。

その過程で文芸文庫そのものに興味が広がっていきます。シンプルで肌触りのよいカバーデザイン。他では手に入らないニッチなラインナップ。安価が売りの文庫本でありながら高価格であることもむしろ魅力的に見えました。文庫の巻末の既刊一覧を眺めるうちに欲しい本が増えていき、月々の新刊もチェックするようになりました。そしてついに二〇一五年の年末、一大決心をします。

「文芸文庫を全て集めて本棚に並べたい！」

とても正気の沙汰とは思えませんが、正気があってはこんなことはできません。

早速手始めに文芸文庫の解説目録を入手し、まずは新刊で手に入るものから集めていきました。しかしながら、新刊書店だけではコンプリートはできません。当然絶版本にぶち当たります。当時、既に半分以上が絶版でした。絶版本はどう集めるか。当たり前ですが、古本屋に頼るしかありません。古本屋と言いましたが、私が最も利用したのはブックオフでした（現在もです）。大学の講義の合間、バイト終わり、時間があれば本屋に行き文芸文庫を探しました。移動は自転車です（現在も）。本屋を数軒はしごするのは当たり前で、一日で四〇km自転車を漕いだ日もあります。高校時代に片道一〇kmを毎日自転車で通学していた経験がここで生きてきました。

そうして私は文芸文庫を足で稼いで集めていったわけですが、やはり限界があります。入手が難しく古書価の高い本はブックオフにはなかなか出てきませんし、そもそも文芸文庫自体がブックオフにあまり無く、一冊もない店舗もざらにありました。

次なる一手として、通販サイトやオークションサイト、少し後からはフリマアプリなどのインターネットによる蒐集も始めました。これもポピュラーな手法ですが、その後の文芸文庫蒐集に弾みをつけ、結果的に文芸文庫全体の三分の一はネットを経由して買いました。レアな本もネットで買ったものが多いと思います。

古本の値段を見極める経験は、文芸文庫蒐集を通して学びました。文芸文庫蒐集の道は、私が古本病者へとなる道でもありました。最初のうちは相場もよく分からず、失敗をいくつもしました。

一例として、私は野溝七生子の『山梔《くちなし》』という本を七千円で購入しました。当時、Amazonのマーケットプレイスには在庫すらなく、通販サイトにて一件出品されているのみ。古本の出会いは一期一会、これを逃したら次のチャンスはないかもしれない。文庫本一冊の値段としては相当ですが思い切って買いました。しかし、その一週間後にブックオフで十分の一の値段で販売されているのを発見しました。その時は体から力が抜け、その場で崩れ落ちそうになりました。これはほんの一例ですが、こういった失敗を重ねながら私は古本蒐集の知識を身につけていきました。

そうこうしているうちに二年あまりが経ち、私は大学を卒業しました。この時点で文芸文庫は六百冊を超えましたが、まだ半分です。相変わらず自転車を漕いで本屋を駆け巡っていました。週に最低一度はブックオフを訪ね、毎日通販サイトやフリマアプリを巡回する日々を送りながら、解説目録に買った本の印をつけていくのがなによりの楽しみでした。

そしてコロナ禍を経た二〇二一年の秋、ついにコンプリートまで残り百冊のところまで辿り着きました。文芸文庫を集めると決心してからすでに六年の時間が経とうとしていました。そこからの数ヶ月間はもう夢中でした。私が六年前に思い浮かべた夢の景色があと少しに迫っていました。

二〇二二年一月十三日、ついにその日がやって来ました。この日発売だった松浦寿輝『半島』を手に入れ、六年と一ヶ月、日数にして二千二百日あまりの私の長い旅路は終わりを迎えました。その後、記念に撮った文芸文庫の写真はSNS上で多くの方に見ていただき、現在こうして当時の思い出を書かせてもらう機会に恵まれています。

当時を振り返ってみて「大変だ」と思ったことは一度もなく、とにかく「楽しかった」というのが正直な気持ちです。私は文芸文庫蒐集を通して様々なことを学び、多くの縁に恵まれました。まさに私は「一生の宝」を集めました。この六年と一ヶ月間の文芸文庫蒐集で私は、他の人があまり経験したことのない「ちょっと変わった青春」を送った人間だと密かに自負しています。

そして現在、文芸文庫蒐集を終えた私は次なる目標に向け日夜奮闘しています。その相手はちくま学芸文庫。今まで以上に手強い相手です。文庫蒐集の旅はまだまだ終わりそうにありません。

文庫調査団

すずきたけし

本屋の文庫売り場でウロウロしている文庫好き読者の、ちょっと気になる文庫のあんなことこんなことについて、調査団だけど団員は筆者ひとりの文庫調査団が文庫を作っている人に直に聞いてみちゃうこの企画。ご好評につき今年もやりました。今回の調査は以下の三つ。

一、棚プレートの著者はどのように決められているのか？文庫棚プレートの今
二、なぜ講談社文庫にフィルムパックがされたのか？ 講談社文庫のあれやこれや
三、唯一無二！ 新潮文庫スピンの真相

〈棚プレートの著者はどのように決められているのか？〉文庫棚プレートの今

文庫調査団（ひとりだけど）は手始めに書店の文庫コーナーで見かける著者別の「棚プレート」について調べてみた。書店での文庫の陳列は基本的にレーベル別で並べていることが多く、著者別棚プレートは出版社が自社文庫レーベル用に作成し書店へ無償で提供している。昔から見慣れた書店の風景であるこの棚プレートを眺めていて、ふと疑問に思った。日々多くの作家がデビューし、その著作が文庫化や書き下ろしで発売されている。しかしすべての作家の棚プレートが作られているわけではない。はたして棚プレートが作られる著者はどのように選ばれているのだろうか？

このセンシティブかつ大人の事情も含まれそうな疑問に対し、わが文庫調査団の団員をフル動員し主な文庫レーベルの出版社にそこんとこを問い合わせてみた。

今後の文庫調査団の活動を鑑み、出版社に忖度してレーベルは伏せるが、現役文庫レーベルとして最古のS文庫の〝公式見解〟では「十冊以上の既刊本があり、読者が多い（売れている）作家さん」は棚プレートとして選ばれ作られているという。また現役文庫レーベルとして三番目の古さを誇るK文庫でも、刊行点数や売れゆき、そして今後の刊行予定からレーベルとしてのジャンルのバランスなど総合的にみて決定しているという。他の出版社も概ね同じような理由で棚プレートを作成する著者を選んでいるということだった。そのほかに書店から要望があった著者も棚プレートに選ばれる場合があるということなので、〝推し〟の作家がいる書店

憧れの棚プレートだ！

員は出版社にリクエストを出すのもアリである。ちなみに「作られない作家はどのような理由なのか？」は怖くて聞くことはできなかった。

もうひとつ棚プレートで気になるのがその更新頻度である。調査したレーベルでもっとも頻繁に更新しているのは三年～五年という角川文庫であった。さすが三番目に古い老舗文庫レーベルである。とくに二〇二二年にデビューしたイメージキャラクターである〝カドイカさん〟を起用した棚プレートは二〇二三年六月から書店にて使用されており、現在文庫レーベルのなかでもピッカピカの最新棚プレートである。また講談社文庫も二〇二一年に新キャラクター「よむーく」を起用し翌年には棚プレートを新しくしている。こうした文庫レーベルのキャラクターが刷新された際に棚プレートを更新することは多いようで、新潮文庫では「Ｙｏｎｄａ？」から現在の「ＱＵＮＴＡ（キュンタ）」に変わった二〇一四年に棚プレートが更新されている。しかしそれから九年も更新がないので最古の文庫レーベルとしてがんばっていただきたいものである。そのほかの更新理由として、棚プレートが使用される書店の新規出店状況や、棚プレート自体の在庫状況などを考えて更新が行われるようである。

併せて各社の棚プレートへの工夫なども聞いて見たところ、新潮文庫では「著者別」のほかに「十二国記」や「村上柴田翻訳堂」などシリーズ名を配したものを作成。岩波文庫は著者別での棚プレートはないものの、緑帯の「現代日本文学」、青帯の「日本思想」、白帯の「法律・政治・経済・社会」、赤帯の「東洋文学」、黄帯の「日本文学（古典）」など、各ジャンル別の棚プレートが作られている。角川文庫でもホラー文庫や海外文庫、時代小説といったジャンル別にプレートの色を分け、なおかつ長期間の使用に耐えうるよう日焼け防止に耐光インキを使用しているという。同じく創元推理文庫も日焼けしにくいカラーリングにしている。色ではハヤカワ文庫はおなじみのコーポレートカラーである「ハヤカワブルー」をあしらいレーベルの個性を打ち出している。

棚プレートは各レーベルごとに思惑がありつつも、今日も書店の文庫コーナーで我々をお目当ての文庫へといざなってくれているのであった。

〈なぜ講談社文庫にフィルムパックがされたのか？〉講談社文庫のあれやこれや

ふたつめの調査は講談社文庫である。新潮文庫、岩波文庫、角川文庫に次ぐ、現在も続く文庫レーベルとしては四番目の歴史ある講談社文庫。その講談社文庫にはいつのころからかフィルムパックがされている。文庫のパックはいつ？どのようにして始まったのか？　そこんとこを講談社文庫販売担当者に聞いてみた。

フィルムパックが始まったのはコロナ禍真っ只中の二〇二一年四月から。その年、税込価格の表示（総額表示）が義務化され出版業界がざわついたのも記憶に新しい。講談社文庫は消費税の総額表示に対応するため、価格表示のシールを貼付することとし、講談社文庫と講談社タイガの新刊から順次フィルムパックして出荷されることになったのである。またコロナ禍ということで衛生上のニーズの高まりも理由だという。ついでにこのフィルムパックで売上はどうなったかを図々しくも聞いてみたところ、大きな減少はなかったということである。

　さて、真面目な質問と回答になってしまったためなぜか淋しい気持ちになった文庫調査団はほかにも追加で質問をしてみた。ひとつは講談社文庫の色とりどりの背表紙はどうやって選んでいるのか？　これについては、かつてはジャンルごとに色を割り振っていた時期もあったが、二〇〇〇年代から作家さんに聞いたり編集者が選ぶようになり、現在では「茶・桃・朱・灰・空・藤・緑・若草・山吹・橙」の一〇色の中から作家さんに選んでもらうようになっているという。

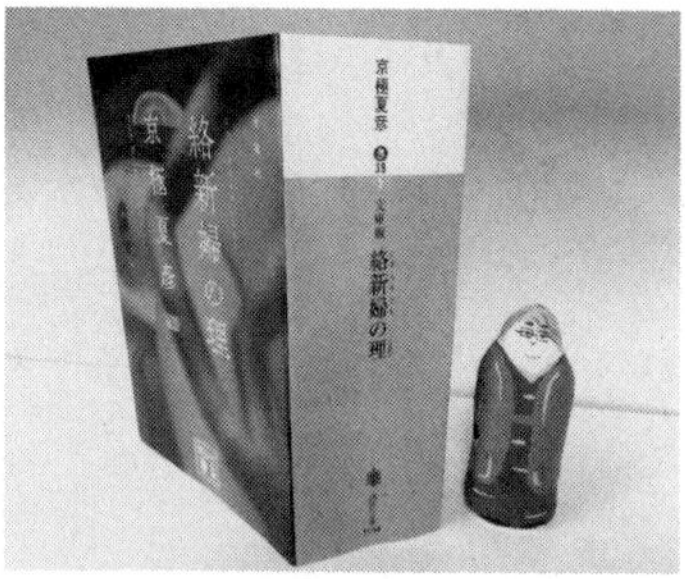

製本機械の限界に挑んだ『文庫版　絡新婦の理』1408ページ厚さ52ミリを見よ！

　ついでにもうひとつ、一七年ぶりに発売された『鵼《ぬえ》の碑《いしぶみ》』だが、文庫化されたらどのくらいの厚さになるのかドキドキしていたので、「文庫はどのくらいのページ数（厚さ）まで製本できるのか？」という、素朴な質問もしてみた。講談社文庫の製本を手がけている加藤製本さん曰く、「『文庫版　絡新婦の理』（二〇〇二年刊、一四〇八Ｐ）が製本機械の限界に近い厚さでは？」とのこと。京極先生恐るべしである。ちなみに「シリーズ前作の『邪魅の雫』はノベルス版の八二四ページが文庫版では一三三〇ページとなっており、八三二ページの『鵼の碑』もまた文庫化では一三〇〇ページ越えするのでは」とのこと。どうでもよい質問にも真摯に答えてくれる講談社さん、本当にありがとうございました。

唯一無二！　新潮文庫スピンの真相

スピンを知っているだろうか？　そう、単行本や辞書などの背表紙からピロンと出ているあの〝紐〟である。栞として利用するこの便利な〝スピン〟は、過去にはいくつかの文庫レーベルにもついていたものの、現在では唯一、新潮文庫にのみとなっている。いつ？なにゆえにこのスピンがつけられたのか？　そこんとこを新潮文庫編集部編集長の佐々木勉さんと、営業部の内田浩平さん、そして営業部製作担当の軽部元さんに聞いてみた。はたして「なにゆえにスピンをつけたのか？という哲学的なことからお話ししますと……」と、新潮文庫とスピンについての遠大なお話が始まったのである。

　まず、〝新潮文庫は長く読まれ続けるものであり、蔵書としても耐えうる〟という新潮社の思想が前提にあるという。それは本文に使用される紙にも現れている。新潮文庫に使用されている紙は日に焼けない上質紙となっているのである。「造本も屈強であるがゆえに文庫といえども本として永く存在できるものになり、永く読まれ続けるにはスピンも必要ではないかということ、つまりスピンが新潮文庫についているのは新潮社の意志の力であります！」と佐々木さん。

●初めてスピンがついた新潮文庫はなんだったのか？

さて、一九一四年（大正三年）に創刊した新潮文庫は、現在ではもっとも古い文庫レーベルとしていまでも書店の文庫コーナーでもっとも大きな売り場をもつ。そんな新潮文庫にスピンがつき始めたのははたしていつからなのか？　そして初めてスピンがついた文庫は誰の作品だったのか？　そこんとこを製作担当である軽部さんに調べてもらったところ、三期にあたる（新潮文庫は創刊の第一期から始まり、一九四七年開始の第四期が現在まで続いている）一九三九年（昭和一四年）の一一月刊行分から部分的にスピンがつき始めたことが現物で確認できたという。そして新潮文庫に初めてスピンがつけられた文庫は、夏目漱石の『彼岸過迄』であった。ちなみに同じ月に出た漱石先生の門下生である内田百閒の『東京日記』にはスピンはなかった。しかし翌一二月刊行の同じく内田百閒の『冥途・旅順入城式』からはスピンがついていたそうである。その後、戦中の物資統制のなかでも昭和一七年と一八年に刊行された『ドン・キホーテ』の一巻から三巻まではスピンがついていたが、昭和一九年九月に出た四巻にはついておらず新潮文庫のすべてからスピンの姿は消えてしまったという。戦後の一九四七年、川端康成の『雪国』から新潮文庫は第四期が始まるもののしばらくスピンはつかなかったが、どうやら一九五一年にスピンが復活し、そして現在に至る――ということのようである。また新潮文庫は天アンカットであるが、それは製本の工程でスピンをつけてから地・小口を切るという順番なので（天をカットするとスピンが取れてしまうので）、必然的に天アンカットになっているという。文庫の上がギザギザなのは決して不良品ではないのである。ちなみに一昔前の古本では文庫の天をヤスリ掛けすることでスピンが取れてしまい、スピンがついている文庫を探すのは大変だったそうである。しかしいまでは古書店でも新潮文庫のスピンを残すように対応しているのだとか。

一本一本手作業で挟まれているスピン

●まだまだあるぞスピンの秘密

スピンの素材として使用されているのはレーヨンで、昨年一年間で使用したスピンの総延長はなんと二〇〇〇キロメートル！　だいたい東京から台湾までの距離が一年で使われていたのである。また一冊で使用されているスピンの長さは、文庫の対角線の長さプラス二センチと決められているそうだ。

そして我々が新潮文庫を買ってページを開くと折りたたまれているスピンは、一本一本、一冊ずつ手作業でページに挟んでいるのだという。

今回の文庫調査は以上である。もし読者のみなさまで文庫についての疑問がありましたら、編集部までお便りをお送りください。センシティブで大人の事情があろうとも忖度で乗り越え誠心誠意調査いたします。

文庫新刊予告2024

32社47文庫大集合

来年が待ち遠しい！ホヤホヤ新鮮情報!!!

レーベルアンケート

☆文庫を読むならレーベルで！　話題沸騰の最新作から2024年のイチオシ＆ラインナップ、既刊ロングセラーに自己紹介まで。レーベル直送、ちがいを楽しむ最新文庫情報ハンドブック。

朝日文庫

先の読めない混迷の時代に、柔軟さと強靭さを込めた指針を示す「知性とエンタメ」を二四年も標榜します。

文芸は月村了衛さんの『奈落で踊れ』、小池真理子さんの『月夜の森の梟』、藤岡陽子さんの『メイド・イン京都』、伊藤比呂美さんの『いつか死ぬ、それまで生きる　わたしのお経』、久坂部羊さんの『生かさず、殺さず』、小川洋子さんの『小箱』、麻見和史さんの『密葬の鎖（仮）』、鈴峯紅也さんの『警視庁監察官Q　ZERO2』、伊坂幸太郎さんの『ペッパーズ・ゴースト』、桐野夏生さんの『砂に埋もれる犬』、井上荒野さんの『生皮』など……まだまだ書き切れない強力なラインナップを予定しています。

好評の時代小説は、田牧大和さん『須磨屋若旦那事件帖』、細谷正充さん編のアンソロジー『ゆるし』、エッセイは鴻上尚史『ほがらか人生相談』もあります。マスコットのライオン、アーサーとサニーもひきつづき可愛がっていただければ嬉しいです。

岩波文庫

このたび二〇二三年度文庫MVPに岩波文庫『俺の自叙伝』を選出いただき、誠にありがとうございました。岩波文庫としてはチャレンジングな企画として走りだした本書がこのような栄誉にあずかったことを、関係者一同大変嬉しく思っております。

岩波文庫は一九二七年に創刊いたしました。幾多の激動をくぐりぬけてきましたが、刊行を続けてこられたのは、読者の皆様のご支持があったからに他なりません。四年後に一〇〇周年を迎えますが、一〇〇年どころか向こう一年のことすら全く予想がつかない今、本当に求められている文庫とは何か、読み継がれるべき古典とは何かと、考えない日はありません。これから一体どのような時代になるのか、その時私たちは何を考え、どのようなことを感じて生きていくのか。これからの一〇〇年もまた読者と共に歩んでゆくべく、皆様に喜んで頂ける企画を多数準備してまいります。二〇二七年の岩波文庫一〇〇周年、どうぞお楽しみに。

角川文庫

75周年記念期間中の角川文庫、24年も強力ラインアップでお届けします。一月の注目作は貫井徳郎さん『悪の芽』、無差別大量殺人の真相に迫る貫井ミステリの最高峰です。17年に急逝された葉室麟さんの未発表短編を文庫初収録した『不疑　葉室麟短編傑作選』、「後宮の百花輪」シリーズが話題の瀬那和章さんによる角川文庫オリジナル『紋の国の宮廷彫刻師』や、鳴神響一さんの大人気シリーズ「脳科学捜査官」最新作もお楽しみに。二月は堂場瞬一さん『刑事の枷』、芦沢央さん『僕の神さま』、三月は五十嵐律人さんや汀こるものさんが角川文庫に初登場！　フレッシュな顔ぶれを迎え、バラエティ豊かな新作を続々刊行します。四月以降も盛りだくさん！　あの話題作がついに文庫に！　夏のフェア新刊ラインアップをお伝えできる日が待ち遠しいです。22年冬に本格デビューした角川文庫のキャラクター「カドイカさん」ともども、引き続き24年の角川文庫にぜひご注目ください。

角川ソフィア文庫

新たな大河ドラマ放映を前に、紫式部や藤原道長の時代が注目を集めています。23年の角川ソフィア文庫も、『与謝野晶子訳　紫式部日記・和泉式部日記』、大岡信『あなたに語る日本文学史』、河添房江『紫式部と王朝文化のモノを読み解く』、小町谷照彦『藤原公任』、田村隆 編『源氏愛憎　源氏物語論アンソロジー』など、平安王朝文学の薫り漂う新刊が揃いました。〈現代語訳＋原文＋解説〉で古典を読むビギナーズ・クラシックスも90作を超えて拡大中。23年刊行の「住吉物語」「小右記」「拾遺和歌集」「水滸伝」に加え、年明けに「夜の寝覚」「西遊記」を発売します。中国白話小説はさらに続刊も予定中ですので、お楽しみに。

極め付けは、『枕草子』上・下（河添房江・津島知明 訳註）。新訂の原文、注釈、現代語訳を二冊に収めました。原文を本格的に味読したい方は必携の、文庫書き下ろし大型企画です。三月完結の『うつほ物語』全六巻（室城秀之訳註）とあわせて、ぜひどうぞ。

角川ホラー文庫

角川ホラー文庫はおかげさまで創刊30周年！　23年〜24年を記念イヤーとして復刊やアンソロジー、グッズなどを展開。ホラージャンルで活躍されている作家さんの手形を実寸でプリントした「恐怖！作家手形Tシャツ」も大好評発売中です。24年の注目作品は、澤村伊智さんによる『ぼぎわんが、来る』に連なる比嘉姉妹シリーズ最新短編集、芦花公園さんによるホラー文庫30周年記念書き下ろし長篇、警察小説とホラーミステリを融合した内藤了さん「警察庁特捜地域潜入班・鳴瀬清花」シリーズ新作、決して聞いてはいけない怪談の恐怖を描く三津田信三さん『みみそぎ』、小林泰三さんの名作復刊などなど。さらには超豪華執筆陣による書き下ろしアンソロジーも計画中です。ミステリ、サスペンス、怪談、SF、オカルト、都市伝説――〝あらゆる怖さのニュージャンル〟を求めて創刊された角川ホラー文庫は、本年も幅広いホラー作品をお届けします。ぜひご期待ください！

河出文庫

二〇二〇年に完結した「池澤夏樹＝個人編集 日本文学全集」（全三十巻）は、現役の人気作家たちが古典の新訳・新釈を行なったことで大きな話題となりました。昨秋より、それら話題作を「古典新訳コレクション」と銘打ち、河出文庫化を開始しました。

池澤夏樹訳『古事記』をはじめとする強力なラインナップで始まった本シリーズは、本年一月は古川日出男訳『平家物語』四巻（完結）と長谷川櫂選『小林一茶』、二月は角田光代訳『源氏物語』四巻（全八巻）と島本理生訳『春色梅児誉美』、以降、月二点ずつの刊行を予定しています。

名訳つながりで、一月には、柴田元幸訳のJ・D・サリンジャー『ナイン・ストーリーズ』が河出文庫化。また、長らく品切れだった海外文学群の復刊にも本腰を入れようかな、と。

その他、創刊九十周年を迎えた文芸誌「文藝」から生まれた最先端作の文庫化はもちろん、書き下ろしアンソロジーなど、さまざまな企画を準備中。

幻冬舎文庫

2024年の幻冬舎文庫は大型作品が目白押し！ まず1月、現役外科医でもある中山祐次郎さんのベストセラー、「泣くな研修医」シリーズ6作目となる待望の最新作。続いて、2月は幻冬舎文庫毎年恒例の「女性作家フェア」を開催。吉本ばななさんの胸に沁みる短編集『ミトンとふびん』、群ようこさん連作小説『子のない夫婦とネコ』、小川糸さんのエッセイ（タイトル未定）などなど刊行予定です。3月は深町秋生さんの八神瑛子シリーズ最新作『ファズイーター』、4月以降も続々と目玉作品を準備中ですので、ぜひご期待ください。

2022年度より、幻冬舎文庫はキャラクターを一新しました。新キャラクターは、益田ミリさん描き下ろし、〈書店員のブンコさんと猫のホンダニャン〉。4月「幻冬舎文庫の春まつり」、8月「幻冬舎文庫心を運ぶ名作100。」、12月「幻冬舎文庫冬の読書フェア」の年3回の文庫フェアで、可愛らしい二人に出会えますのでお楽しみに。

講談社文庫

毎年この欄でお知らせするのが恒例となりましたが、今村翔吾さんの書下ろし時代小説『イクサガミ』、24年はついに！完結いたします。京都から命を懸けて東京を目指す元士族たちの壮大なデスゲーム、2巻ではその黒幕も明らかになりましたが、この先、愁二郎たちを待ち受けているものは何なのか。『イクサガミ 人』、絶対に読み逃せない1冊です。

講談社文庫では年間3～4回のフェアを企画していますが、24年2月には初のフェア「社長の#小説履歴書」を展開いたします。就職活動をスタートさせる学生や、若いビジネスパーソンに読んでほしい文庫、人生の糧になる物語を社長さんたちが推薦。同時に、読者の皆さんが自分の「#小説履歴書」をおすすめできるウェブキャンペーンも実施いたします。ぜひお店で、スマホで、楽しんでみてください。

一年を通して注目していただけるラインナップを準備中の講談社文庫に、ご期待いただけると嬉しいです！

講談社学術文庫

［年内の目玉］12月刊では、スピノザ『知性改善論』。文庫版としては実に90年ぶりとなる待望の新訳！　そして、若林正丈『台湾の歴史』は、緊迫した情勢が続く台湾を最新事情まで含めて分かりやすく解説する必携書。

［24年のイチ推し］1月刊では、プルードン『所有とは何か』が初となる文庫版で新訳。格差社会が激化する中で根本から考え直す絶好の機会。さらに中村元『インド思想史』は、やがて世界一の大国となることが予想されるインド人の考え方のすべてが一気に分かる碩学による名著。2月刊では、高津春繁・関根正雄『古代文字の解読』が注目。未知の文字で書かれているのは何か、というロマンあふれる問いに取り組む。辻惟雄『風俗画入門』は、天平の落書きから遊女たちによるスケッチまで、大家が図版満載で語り尽くす。3月刊では、中山茂『帝国大学の誕生』を読んで新たな気持ちで春を迎える。渋沢栄一『航西日記』は、新札に登場する人物の刺激的なパリ紀行。

講談社タイガ

2015年に創刊された講談社タイガは9年目。10周年に向けて、さらにギアを上げていきます！

さっそく1月に、24年の目玉シリーズをお届けします！　小田菜摘さんがめくるめく鮮やかさで描き出すのは、日本の発展期における宮中女官の世界。和洋いりまじる雅の地で、華族女学校出身の主人公の冒険がはじまります！

そして続いてお届けするのは、お待たせいたしました。阿津川辰海さんの館四重奏最新作『黄土館の殺人』を刊行いたします。山火事、洪水の次に館を襲うのは「地震」です。数々の先人への敬意を捧げる新鋭の最高到達地点を存分にお楽しみください。今回も、分厚いです。

ほかにも、2023年に異例の発売前初版増数＆即重版をした友麻碧さんの「傷モノの花嫁」シリーズをはじめ、注目シリーズは速度を増すばかり。さらに、数々の推理が火花を散らすミステリシリーズの隠し玉も……！　24年も講談社タイガはおもしろいです！

光文社文庫

光文社文庫の二〇二四年は一月から大型企画のスタートです。佐伯泰英さんの短期集中新シリーズを三ヶ月連続で刊行いたします。こちらは佐伯さんの時代小説三〇〇冊到達を記念するプロジェクトの一環でもあります。時代小説ではその他にも上田秀人さん、坂岡真さん、藤井邦夫さんらによる人気シリーズの新作が予定されています。

もう一つの光文社文庫の柱であるミステリーでは、ドラマ化もされた今野敏さんの「機捜235シリーズ」を筆頭に、東川篤哉さん、知念実希人さん、中山七里さん、阿津川辰海さんらの話題作など、新鋭からベテランまで、幅広いラインナップでお届けいたします。さらに、大注目のアンソロジー『Jミステリー』も二冊刊行予定です。キャラクター文庫では年明け早々の白川紺子さん『花菱夫妻の退魔帖』をはじめ、人気上昇中の藍川竜樹さん『後宮女官の事件簿』など楽しみな新作もスタンバイ。二四年の光文社文庫もどうぞよろしくお願いいたします！

光文社古典新訳文庫

昨年の『好色一代男』、『太平記』につづき、日本の古典文学のラインナップ強化ということで、1月に西鶴の『好色五人女』を刊行します。訳者は田中貴子さん。〝お夏清十郎〟や〝八百屋お七〟など、当時起きた実際の事件をもとに西鶴が創りあげた極上のエンタメ小説五作。恋に賭ける女たちのリアルな性愛と義の物語を、声に出して読みたくなる、臨場感あふれる新訳でお届けします。さらに『枕草子』の新訳も準備中です！　橋本治さんの桃尻語訳の衝撃はいまだ忘れられませんが、今年の大河ドラマの主人公、紫式部のライバルとも言われる清少納言の、痛快な批評に共感すること間違いなしです。そして定番中の定番、ゲーテの『若きウェルテルの悩み』が酒寄進一さんの新訳で加わります。いわずと知れた世界文学史に輝く青春文学の傑作、不朽の名作が鮮やかに蘇ります。

恋をしたことのある人（みんなそうですよね！）必読、若者だけでなく、大人の再読も期待しています！

光文社未来ライブラリー

まだ創刊から2年に満たない光文社未来ライブラリーですが、既刊を含め、平台や面陳でしっかり展開していただいている書店さんが多く、たいへん心強いです。皆さんの期待に応え、大きなヒットを出せるよう頑張ります！

2024年の刊行予定書目は以下の通りです。宮下規久朗著『食べる西洋美術史』、布施英利著『人体　5億年の記憶』、ハル・グレガーセン著、黒輪篤嗣訳『問いこそが答えだ！』、マルコム・グラッドウェル著、濱野大道訳『トーキング・トゥ・ストレンジャーズ』、佐藤眞一著『ご老人は謎だらけ』、エディス・シェファー著、山田美明訳『アスペルガー医師とナチス』、デビッド・リット著、山田美明訳『24歳の僕が、オバマ大統領のスピーチライターに?!』、エマニュエル・サエズ著、ガブリエル・ズックマン著、山田美明訳『つくられた格差』など。

引き続き、応援よろしくお願いいたします！

コスミック時代文庫

漢方医の名家に生まれながら、長崎で最新の西洋医学を会得し、蘭方の名医となった沢村伊織が、ときに奉行所の検死も行い、数々の難事件を解決していく大好評シリーズ、永井義男『秘剣の名医　蘭方検死医　沢村伊織』。現在、15巻目まで刊行中ですが、3月予定の16巻目以降も発行していきます。同じく永井義男『最強の虎　隠密裏同心　篠田虎之助』は、変幻自在の武器・杖術を操り、江戸の隠密裏同心として悪党を成敗していくシリーズで、こちらも続刊を予定しています。代々の当主が将軍家の耳目となって大名や旗本を監察し、疑惑があれば己の裁量で処断できる「将軍側目付」。その役職に就いていた仙石隼人の活躍を描く吉田雄亮『将軍側目付　暴れ隼人』シリーズも、3巻目以降を発刊。さらに、頭脳明晰な切れ者同心が下手人を追い詰める人気シリーズ、風野真知雄『同心亀無剣之介』や、江戸一の無敵タッグが躍動する井川香四郎『逢魔が時三郎』シリーズの最新作にも乞うご期待！

実業之日本社文庫

編集F　本の雑誌社から「今年は知念実希人さんの『天久鷹央シリーズ』大移籍！　大注目の実日文庫ですね」と、アンケート依頼が届きました。
編集A　天久シリーズは23年10月から新作3冊、完全版13冊の7か月連続刊行。総力戦でなんとか無事にキックオフできたけど、さらに勝負は続く……。
編集K　入社以来最高にハードっす……。でも今年はさすがにBーリーグ順位上がってるはず！
編集G　東野圭吾さん『クスノキの番人』も年間通して絶好調でした。
編集長S　来季は知念さんのほかにも注目作が目白押しだ。『彼女。百合小説アンソロジー』、斜線堂有紀さん『廃遊園地の殺人』も文庫化予定。
編集T　堂場瞬一さん『大連合』、中山七里さん『嗤う淑女　二人』も！
編集長S　文庫創刊15年目に入るし、順位アップめざして頑張ろう！
編集S　ライト文芸の「実業之日本社文庫GROW」も3周年。来季もヒット狙いますよ！　とっておきの隠し玉も！

集英社文庫

★2024年も集英社文庫は話題作がめじろおし！　さくらももこ『ももこのまんねん日記』、榆周平『黄金の刻小説服部金太郎』、桐野夏生『燕は戻ってこない』など注目作が続きます。★大河ドラマで注目の平安モノ。1月刊では瀬川貴次の新作書き下ろし『紫式部と清少納言　二大女房大決戦』が刊行、瀬戸内寂聴『決定版　女人源氏物語』全5巻は2月刊で堂々完結。★山崎ナオコーラ『肉体のジェンダーを笑うな』、石田夏穂『我が友、スミス』、永井みみ『ミシンと金魚』など、純文学の話題作も文庫化予定です。★世紀のストーリーテラー・サフォンの新作など翻訳小説も大注目です！★野口卓「おやこ相談屋雑記帳」、上田秀人「辻番奮闘記」、千野隆司「鉞ばばあと孫娘貸金始末」など、人気時代シリーズも新作続々。★毎年恒例のナツイチフェアでは、今村翔吾の直木賞受賞作『塞王の楯』をはじめ、ビッグタイトルが多数登場予定！　どうぞお楽しみに。

集英社オレンジ文庫

24年に9周年を迎えるオレンジ文庫の幕開けは新作ラッシュからスタートです！　★小湊悠貴の「和菓子」もの、瀬川貴次の「もののけ寺」もの、愁堂れなの「転生バディ（犬）」もの、仲村つばきの「駆け込み寺OL」ものなど、編集部が自信を持ってお送りする新作が12月から書店に並ぶのでチェックしてみてくださいね。★「これは経費で落ちません！」や「それってパクリじゃないですか？」「宝石商リチャード氏の謎鑑定」「十番様の縁結び」「神招きの庭」「掌侍・大江荇子の宮中事件簿」「京都岡崎、月白さんとこ」「仮面後宮」などの人気シリーズ新刊はもちろん、10代に人気の、泣けちゃう青春系人気作家さんの新作も次々に発刊される予定です。★春には、2023年ノベル大賞受賞者3人のデビュー文庫もまとめて発刊致します。大型新人たちの意欲作をどうぞお楽しみに！　★まだすべては明かせませんが、10周年に向けて大型企画も準備中なので、24年もどうぞオレンジ文庫にご期待ください！

小学館文庫

小学館文庫は、「B」リーグでの躍進を目指し二〇二四年も頑張ってまいります。まずは二月に、まさきとしか氏「三ツ矢&田所」刑事シリーズ第三作『あなたが殺したのは誰』が登場、シリーズ五十万部突破確実です。三月にはシリーズ二十六万部のはらだみずき氏「海が見える家」シリーズ続編第一弾『山に抱かれた家』がお目見え。ともにロングセラーの『銀座「四宝堂」文房具店』『ほどなく、お別れです』は早くも第三弾が登場。夏には、東川篤哉氏『新・謎解きはディナーのあとで』が文庫化、シリーズ四四〇万部へ。河﨑秋子氏の直木賞候補作『絞め殺しの樹』、柚月裕子氏の『教誨』も、いよいよ文庫化。時代小説文庫は上田秀人氏「勘定侍柳生真剣勝負」シリーズ、井原忠政氏「北近江合戦心得」シリーズが、絶好調。伊藤尋也氏「土下座奉行」、岡本さとる氏「八丁堀強妻物語」、鈴木英治氏「突きの鬼一」、金子成人「付添い屋・六平太」シリーズも健在。どうぞご期待ください。

祥伝社文庫

大活躍中の原田ひ香先生著『ランチ酒』はコミカライズされ、シリーズ第三弾『ランチ酒　今日もまんぷく』も今春の文庫化を予定しています。十一月刊行の泉ゆたか先生の新シリーズ『横浜コインランドリー』は要チェック！　心のモヤモヤをすっきり洗濯できる、優しい物語です。二〇二四年早々に続刊も予定しています。

祥伝社文庫の最大の強みである、小杉健治先生の「風烈廻り与力」、辻堂魁先生の「風の市兵衛」、今村翔吾先生の「羽州ぼろ鳶組」、岩室忍先生の「北町奉行米津勘兵衛」など、時代小説シリーズも力強く刊行していきます。

警察小説では松嶋智左先生の「野路明良」シリーズが好調。バイクアクションのみならず、社会を取り巻く難題に正面から向き合う警察官の矜持が胸を熱くさせる作品です。

他にも〝映像化決定！〟〝待望の文庫化〟〝あの作家さんが!?〟とお伝えできない注目作が目白押しな一年になりそうです。

新潮文庫

高度数アルコール飲料に溺れる女性を描いて絶賛された「ストロングゼロ」を含む短編集、金原ひとみ『アンソーシャル　ディスタンス』、一気読み必至、道尾秀介〝神〟三部作の大トリ『雷神』、二〇二二年話題を席巻した結城真一郎『#真相をお話しします』、今野敏の隠蔽捜査シリーズ最新刊『探花』、畠中恵しゃばけシリーズ文庫最新刊等等がいよいよ刊行されます。

近年一段と注目を集める新潮文庫の海外文学ですが、世界文学の最高峰ガルシア＝マルケス『百年の孤独』がついに。他にもアンディ・ウォーホル『ぼくの哲学』、サリンジャーの長すぎてここには収まりきらない書名の短篇集、没後百年を迎えるカフカの傑作集など話題作が目白押しです。

三月に生誕百年を迎える作家安部公房に関する隠し玉企画も進行しています。

二〇二四年九月には新潮文庫は創刊から百十年を迎えます。進化し続ける新潮文庫をよろしくお願いします。

新潮文庫nex

新潮文庫nexは2024年、創刊十年を迎えます。いまや看板シリーズとなった紺野天龍「幽世の薬剤師」や、本屋大賞作家、町田そのこのライフワーク「コンビニ兄弟」、そして早坂吝「探偵AI」シリーズの待望の続編など強力新刊が控えています。ファンが熱く支持する三川みり「龍ノ国幻想」はコミカライズも決定！

豪華アンソロジーも充実。角田光代、織守きょうやらによる鍋をめぐるアンソロジー『今夜は、鍋。』。そして恩田陸、朱野帰子らが参加の犬と猫をめぐる愛すべきアンソロジー。さらに浅倉秋成、結城真一郎ら新鋭のSNSをテーマにした短編アンソロジーには、現在ヒット街道爆進中の『世界でいちばん透きとおった物語』の著者、杉井光の書き下ろしも収録予定です。

選考委員の湊かなえ、道尾秀介両氏の絶賛を受け大ヒットした『クローズドサスペンスヘブン』(五条紀夫)につづく、新潮ミステリー大賞最終候補作も隠し玉として準備中。お楽しみに！

創元SF文庫

国内SFでは笹本祐一のリアル宇宙開発SFシリーズから待望の新刊『星の航海者2』をお届け。創元SF短編賞受賞作を収録した、久永実木彦『七十四秒の旋律と孤独』と宮澤伊織『神々の歩法』も文庫化します。

海外SFでは、『星を継ぐもの』にはじまるシリーズの第五部にあたる、ホーガン『ミネルヴァ計画』が満を持して刊行。ヒューゴー賞四冠&日本翻訳大賞受賞の大人気シリーズ《マーダーボット・ダイアリー》の最新作、マーサ・ウェルズ『システムの崩壊』や、マキャフリーの名作を新訳し、シリーズ作品二編を追加した『歌う船〔完全版〕』もお見逃しなく。アンソロジーでは、セイバーヘーゲンやローマーをはじめ現在は入手困難な有名作品七編に本邦初訳二編を加えた『星、はるか遠く　宇宙探査SF傑作選』(中村融編)と、イーガンをはじめとする豪華執筆陣が気候変動後の未来を描く『人新世激変SF傑作選』を刊行します。

(タイトルは一部を除き仮題です)

創元推理文庫

二〇二四年に創立七十周年を迎える東京創元社。創元推理文庫でも豪華な記念出版作品をお届けします。

国内ミステリは丸山正樹のシリーズ第一作『デフ・ヴォイス』を大幅改稿のうえで刊行。北山猛邦『天の川の舟乗り』、櫛木理宇『老い蜂(仮)』、辻真先『本格・結婚殺人事件』などを文庫化し、北上次郎の名著『冒険小説論』を復刊します。

海外ミステリはH・ジャクソンのピップ三部作の前日譚Kill Joyや驚異の新鋭K・ペリンの謎解き犯人当て『白薔薇殺人事件(仮)』といった目玉作品はもちろん、ロンドン謎解き結婚相談所、ワニ町、ジョー・ピケットなど人気シリーズもお楽しみに。新訳プロジェクトは一月に『グリーン家殺人事件』、二月『最上階の殺人』と極上のラインナップが控え、『飛蝗の農場』新装版を皮切りに名作復刊も続々と。

ファンタジイは〈水使いの森〉シリーズの庵野ゆき最新作、異世界医療もの『竜の医師団』に乞うご期待です。

創元文芸文庫／創元ライブラリ

まず最初の創元文芸文庫紹介作品は、マイケル・オンダーチェ／土屋政雄訳『イギリス人の患者』。ブッカー賞受賞の名作は、二〇二四年一月刊行です。

同じく国内ものとしてアンソロジーを二冊ご紹介。二〇二三年十一月刊行の『私たちの特別な一日　冠婚葬祭アンソロジー』が、アンソロジー第一弾となります。人生の節目ともいえる「冠婚葬祭」を、飛鳥井千砂、寺地はるな、雪舟えま、嶋津輝、高山羽根子、町田そのこ、と名手六名で綴ります。同じくアンソロジー第二弾として、近藤史恵、笹原千波、白尾悠、雛倉さりえ、乾ルカの五名で、煌びやかな「舞台」をテーマにした『アンソロジー舞台！（仮）』も二〇二四年三月刊行として準備中です。今後も年間一～二冊のアンソロジーを、創元文芸文庫では計画しております。

創元ライブラリからは、ヤン・ポトツキ／工藤幸雄訳『サラゴサ手稿』が上中下の三巻本にて、待望の刊行。三月より三ヶ月連続刊行となります。

草思社文庫

草思社文庫は2024年2月で14年目。『銃・病原菌・鉄』『声に出して読みたい日本語』『生き物の死にざま』などなど、ノンフィクションを中心に、知的好奇心を刺激する歴史書や科学書から、教養書、エッセイまで、幅広いジャンルの作品を刊行しており、2023年もスティーブン・ピンカー『21世紀の啓蒙　上・下』などの話題作を世に送り出しました。

2024年の注目新刊としては、2月刊行予定の『フランスの高校生が学んでいる10人の哲学者』です。フランスの人気哲学教師が、大学入学資格試験（バカロレア）を受ける高校生のためにまとめた哲学のベストセラー教科書。プラトンからサルトルまでの西洋哲学者10人をコンパクトかつ通史的にまとめ、ギリシャ時代から近代までの哲学の流れが面白いように理解できる一冊です。

そのほか、2024年も読みごたえある、面白い作品を刊行していきます。ぜひご期待ください！

宝島社文庫

宝島社文庫の直近のイチオシは、「埼玉県人にはそこらへんの草でも食わせておけ！」でおなじみの映画『翔んで埼玉』の小説版『小説　翔んで埼玉』と、11月23日から公開の続編映画の小説版『小説　翔んで埼玉～琵琶湖より愛をこめて～』になります。漫画や映画だけでは飽き足らず、活字でも壮大に埼玉や関西をディスってしまった問題作（※なお実在の地名とはまったく関係ありませんのであしからず）。小説版には、映画未公開シーンや知られざる裏設定が盛り込まれており、さらには魔夜峰央さんの描き下ろし漫画も読めてしまうお得な一冊、ならぬ二冊です。

また第21回『このミステリーがすごい！』大賞・文庫グランプリ受賞作の『レモンと殺人鬼』はおかげさまで累計25万部を突破。続いて第22回の文庫グランプリでは、アイドルミステリーと青春コンゲームの二作を準備中。次の文庫グランプリにも乞うご期待ください！

竹書房文庫

舞台は灼熱の世界と氷の世界。ひとびとが住めるのはふたつの世界の境界線のみ。破滅の迫る中、世界を救うための危険な旅が始まる――。大人気〈シグマフォース〉シリーズのジェームズ・ロリンズによる、構想十年の大型ファンタジー「星なき王冠〈クラウン〉ムーンフォール・サーガ」が、2月1日に遂に日本上陸!

ロマンス小説レーベル〈ラズベリーブックス〉は毎月10日に新刊発売。Netflix人気ドラマ原作〈ブリジャートン家〉シリーズ関連作品も続々刊行予定です。

あとはSFなどが出たりするかもしれません。

ちくま文庫

ちくま文庫のラインナップは色褪せません。古典文学や個人全集といった評価の確立した名作のみならず、編集部員たちは日夜、良書の発掘に勤しんでいます。ときには、そんな作業の中で掘り当てた異色の名作・幻の傑作が収録されることも……数多くのロングセラーを送りだしてきたちくま文庫の棚は、一方で隠れた怪作の宝庫でもあります。コミックやサブカル、純文学から哲学思想まで、多種多様なジャンルをカバーした棚の中から「ねえ、これ知ってる?」と友達に自慢したくなるような、あなただけの1冊を「発掘」してみるのも楽しいはず。

さて、そんなちくま文庫から新刊情報をお届けします。一九八六年の刊行から読まれ続けるベストセラー『思考の整理学』が、二〇二四年春に「新版」として生まれ変わります。「東大・京大で一番読まれた本」でおなじみの〝知のバイブル〟がさらに読みやすくなります。ますます充実するちくま文庫に乞うご期待!

ちくま学芸文庫

一九九二年創刊のちくま学芸文庫は、『人間の条件』(ハンナ・アレント著、志水速雄訳)や『ヴェニスの商人の資本論』(岩井克人著)などのいまや古典の名高い著作をはじめ、新編・新訳・書き下ろしをも含めて、学術の成果を広く読者の手に届けるべく刊行を続けて参りました。現在では総刊行点数二〇〇〇点以上、学術系文庫レーベルとして確たる地位を築いています。それもひとえに読者のみなさまのご支持ゆえ。「しなやかな感性に加えて、いまこそ鍛えられたハードな思考が必要だ」との創刊時の思いのもと、これからも揺らぐことのない硬質なラインアップで、読者のみなさまのご期待に応えて参ります。

そのなかでも二〇二三年には、『記録 ミッドウェー海戦』(澤地久枝著)が新刊時から話題を呼び、数々のメディアで取り上げられました。六四〇頁の大著としては異例の二万部を突破しています。文庫化だからこその名著リバイバルも、ちくま学芸文庫の使命です。

中公文庫

二〇二三年六月、中公文庫はおかげさまで創刊五〇周年を迎えました。このアニバーサリーイヤーの掉尾を飾るのは浅田彰『構造と力』（十二月下旬刊）。刊行から四〇年、ニューアカ・ブームを牽引したベストセラーの初文庫化。「速く、そして、あくまでもスマートであること！」。解説は『現代思想入門』の千葉雅也さん。

二〇二四年は、本屋大賞に二度輝いた凪良ゆうさんの『滅びの前のシャングリラ』からスタートです。さらに、上田秀人さんの新シリーズ「旗本出世双六」も開幕します。

文庫オリジナルでは関川夏央編『鉄道文学傑作選』、四月に生誕一〇〇年を迎える吉行淳之介『掌篇全集』（全一巻）を編集中。さらに好調の水木しげる『決定版ゲゲゲの鬼太郎』（全十巻）の続刊、『鬼太郎夜話』ほか三巻が決定、『朝のあかり』につづく石垣りんのエッセイ集もあります。ご期待ください。

DOJIN文庫

二〇二三年の暑さには、うんざりされた方も多かったことでしょう。おかげさまで『40℃超えの日本列島でヒトは生きていけるのか』は大きな話題となりました（話題になってうれしい反面、暑すぎるのはやはり考えものです）。年末には、タイトルのインパクト絶大な『なぜペニスはそんな形なのか』の刊行が控えています。

さて、二〇二四年に三周年を迎えるDOJIN文庫。引き続きサイエンスのエキサイティングな世界を紹介すべく、多様なテーマを揃えています。まずは第69回毎日出版文化賞自然科学部門を受賞した『情報を生み出す触覚の知性』。情報大洪水時代における身体性の意味を、著者が手掛ける独創的なワークショップなどの実践を通して見つめ直す一冊です。ほかにも、植物の名前に着目して、うんちくをたっぷり盛り込んだ『ヘンな名前の植物』を予定。植物のイメージが大きく変わる場面もしばしばの本書、内容を充実させての文庫化です。乞うご期待。

徳間文庫

2024年の徳間文庫は、ビッグネームの注目作を2か月連続刊行してロケットスタートを切ります！

1月は今野敏さんの人気シリーズ、「横浜みなとみらい署暴対係」最新刊『大義』を刊行します。主役は〈チーム諸橋〉の刑事たち。街を脅かす暴力にどう対峙するか。味わい深い人間ドラマを堪能できる珠玉の作品集なので、シリーズ未読の方にも満足いただけること間違いなしです。

2月には柚月裕子さんの『月下のサクラ』が控えています。シリーズ1作目『朽ちないサクラ』は16万部を超えるベストセラーに！　待望の続編では、主人公、泉が広報課職員から刑事に転身。凶悪犯罪に立ち向かう彼女の活躍から目が離せない！

そのほか、惜しくも逝去された森村誠一さんの未文庫化作品を2作刊行予定。ミステリー界の巨人、円熟の極みをご堪能ください。鈴峯紅也さん「警視庁公安J」シリーズの最新作も要チェック。無敵の主人公、純也に異変が!?

ハーパーBOOKS

絶好調のハーパーBOOKSは勢いそのままに、二〇二四年にノワール作家祭りを開催！　先鋒はMWA受賞作家のルー・バーニー。『11月に去りし者』以来実に五年ぶりとなる長編新作*Dark Ride*を引っ提げて登場します。中堅を任されるのは『頰に哀しみを刻め』で〝犯罪小説界の新星〟として今最も注目される作家S・A・コスビーの最新作*All the Sinners Bleed*。州初の黒人保安官の主人公が猟奇的な連続殺人事件に挑む本格クライム・ノヴェルを披露します。そして大将は我らのラスボス、ドン・ウィンズロウ。今作にて作家引退を宣言した著者によるダニー・ライアン三部作最終話『荒廃の市《まち》（仮）』で有終の美を飾ります。

そのほかにもジェフリー・アーチャーの最新警察小説*Next in Line*から、初邦訳作家、張國立による炒飯の名手にしてスナイパーが主人公の華文ミステリー『炒飯狙撃手（仮）』まで幅広いラインアップを取り揃え。二四年もぜひご注目ください。

ハヤカワ文庫SF

二〇二四年の海外SF文庫は、デイヴィッド・ウェリントン『パラダイス－＊』から。植民惑星の調査を命じられた警部補が、冷凍睡眠から目覚めると……想像を超える怖さのSFホラーです。また、映画『デューン　砂の惑星PART2』の公開が予定されているフランク・ハーバート《デューン》シリーズの『砂丘の子供たち』新訳版も刊行します。キャサリン・M・ヴァレンテの音楽で地球を守るスペースオペラ『デジベル・ジョーンズの銀河オペラ＊』、チェイニー＆ブレイジーのミリタリSF『センテンスド・トゥ・ウォー＊』も刊行予定。人気シリーズ《彷徨える艦隊》新作、巨大変形メカSF『鋼鉄紅女』続篇も待機中。七百巻越えの《宇宙英雄ローダン》シリーズも毎月二冊刊行中！

FT文庫では、韓国ファンタジイの父イ・ヨンドの大型ゲーム化予定の《バード・ザット・ドリンクス・ティアーズ》シリーズなどの話題作を刊行します。乞うご期待！（＊は仮題）

ハヤカワ文庫JA

まず十二月には、第十三回アガサ・クリスティー賞優秀賞受賞の小塚原旬『機工審査官テオ・アルベールと永久機関の夢』を文庫オリジナルで。続いて一月には、第十回クリスティー賞優秀賞の宮園ありあ『ヴェルサイユ宮の聖殺人』が待望の文庫化。フランス革命前夜の歴史ミステリで、翌二月には続篇『異端の聖女に捧げる鎮魂歌』を文庫オリジナルで。シリーズでは、冲方丁『マルドゥック・アノニマス』、小川一水『ツインスター・サイクロン・ランナウェイ』、五代ゆう《グイン・サーガ》、宮澤伊織『裏世界ピクニック』などの最新刊、林譲治の新シリーズ『知能侵蝕（仮）』も。日本SF作家クラブ編の書き下ろしアンソロジー第四弾は『地球へのSF（仮）』、『AIとSF』の第二弾も。ほか乙野四方字、飛浩隆の書き下ろし。堂場瞬一による「政治と報道」の三部作『小さき王たち』の文庫化は秋。逢坂冬馬の本屋大賞受賞作『同志少女よ、敵を撃て』文庫化も待機中。（文中敬称略）

ハヤカワ・ミステリ文庫

二〇二四年のハヤカワ・ミステリ文庫にも要注目！　中国の大人気作家、紫金陳による『長夜難明』は二〇二四年初頭に刊行予定です。中国の社会問題へ鋭く切り込んだ警察小説の逸品をお楽しみください。そして、クローズド・サークルの山荘で起こる殺人事件に私立探偵が挑むダン・マクドーマン『West Heart Kill』は春に刊行予定。ミステリを読む楽しみがたっぷり詰まった作品です。M・W・クレイヴンによる新シリーズ第一作目『Fearless』と大人気〈刑事ワシントン・ポー〉シリーズ第五作目『The Botanist』も二四年刊行です。新シリーズは、元軍人であるクレイヴンの経歴が存分に活かされた傑作。ご期待ください。さらに、二〇二三年のミステリ界で大きな話題となったマーティン・エドワーズの〈レイチェル・サヴァナク〉シリーズ二作目『Mortmain Hall』は夏刊行！　翻訳ミステリ史上最も衝撃的なクライマックスを迎える本作は、一作目を凌ぐ面白さです。こちらもお見逃しなく！

ハルキ文庫

二〇二四年ハルキ文庫は、新年から豪華ラインナップです。一月は、佐々木譲さんの大ベストセラー、北海道警察シリーズ第一部完結の単行本『警官の酒場』に併せ『笑う警官』『警察庁から来た男』『警官の紋章』の新装版、堂場瞬一さんの大人気書き下ろし警察小説シリーズ「警視庁追跡捜査係」待望の第十二弾、続々重版の大好評シリーズ「食堂のおばちゃん⑮」『おむすび縁結び』が刊行予定。春以降は、「神田職人えにし譚」の著者、知野みさきさんが描く傑作ファンタジー小説「妖国の剣士」第6巻や、話題沸騰の早見和真さん『新！　店長がバカすぎて』、今野敏さんの大人気シリーズ『秋麗　東京湾臨海署安積班』、群ようこさんのロングセラーシリーズ「れんげ荘物語」第7巻『今日はいい天気ですね。』などの文庫化と、話題作が続々刊行予定です。乞うご期待ください。

ハルキ文庫 時代小説文庫

ハルキ文庫の時代小説は二〇二四年も目が離せません！　一月は和田はつ子さんの大ロングセラー「料理人季蔵捕物控」の最新刊、篠綾子さん「木挽町芝居茶屋事件帖」シリーズ待望の第5巻を刊行。二月は、北方謙三さんの読み継がれる傑作「三国志」新装版第5弾、お待たせしました、髙田郁さんの「あきない世傳　金と銀　特別巻下」がついに登場予定。また、春以降知野みさきさんの大人気シリーズ「神田職人えにし譚」第6巻、続々重版中の柴田よしきさん「お勝手のあん」シリーズ第9巻、小杉健治さんの書き下ろしシリーズ「情け深川　恋女房」第4巻、大好評、井原忠政さんの「人撃ち稼業」熱望の第3弾、坂井希久子さんの「花暦　居酒屋ぜんや」の第6巻も発売予定です。さらに、中島久枝さんの「一膳めし屋丸九」の新章も開幕予定。他にも、角川春樹小説賞受賞者・稲田幸久さん『駆ける　少年騎馬遊撃隊』、佐々木功さん『真田の兵ども』の文庫化など注目作が目白押しです。

ＰＨＰ文芸文庫

岡っ引き修業に励む、頼りない北一と、風呂屋の釜焚きなのに、なぜかめっぽう強い喜多次による「きたきた」コンビが事件を解決する、宮部みゆきさんの『子宝船　きたきた捕物帖（二）』が春頃に文庫化されます。

また、本屋大賞第二位を獲得した青山美智子さんの『赤と青とエスキース』や、真山仁さんの『プリンス』、長岡弘樹さんの『幕間のモノローグ』なども発刊予定です。

新シリーズとしては、紺野天龍さんによる「コンビ作家の冒険（仮）」がスタート予定。

他にも人気シリーズの最新作が、てんこ盛り。長屋を〝仕切る〟猫が主役の、田牧大和さんの「鯖猫長屋ふしぎ草紙」、元占い師のおでん屋の女将が男女の縁を取り持つ、山口恵以子さんの「婚活食堂」、大正時代が舞台の和風ファンタジーである、望月麻衣さんの「京都　梅咲菖蒲の嫁ぎ先」、京都本大賞を受賞した石田祥さんの「猫を処方いたします。」など、お楽しみに。

扶桑社海外文庫／扶桑社文庫

扶桑社ミステリーの二〇二四年は、シェルビー・ヴァン・ペルトのデビュー作にして全米百万部ヒットを達成した『Remarkably Bright Creatures』で幕を開けます。その後、ライアン・ステックの痛快アクション・スリラー『Fields of Fire』、ラーシュ・ケプレルのヨーナ・リンナものの最新作『The Spider』に、チャールズ・ウィリアムズの『War in Heaven』と続きます。

扶桑社ロマンスとしては、ロマンスの女王ノーラ・ロバーツによる最新の三部作〈ロストブライド・トリロジー〉が開幕。なんと今回ノーラは、呪われた館を舞台としたゴチック・ロマンスに挑戦します。さらには、全米でスマッシュ・ヒットを記録したエミリー・ヘンリーによる『People We Meet on Vacation』が控えています。

その他、扶桑社文庫では、昨年大ヒットした『VIVANT』に続いて、フジテレビやＴＢＳのドラマ・ノベライズが続々登場予定。二〇二四年の扶桑社文庫にぜひご期待ください！

双葉文庫

お陰様で双葉文庫は２０２４年に40周年を迎えます。記念すべき40周年を祝して、話題の新作が目白押しです！

21年本屋大賞ノミネート作、伊吹有喜さん『犬がいた季節』の1月文庫化を皮切りに、あの人気シリーズの続編や、大ヒット作の文庫化など毎月欠かさず大注目の新刊を刊行予定。こちらは1月中旬頃に公開となる双葉文庫40周年特設サイトでの刊行ラインナップ発表をお待ちください。

また、新刊だけではなく、新装版企画や40周年記念の特別フェア、夢の対談企画、また、豪華プレゼントキャンペーン等も企画しております。

さらに24年は、あの国民的人気キャラクターがお祝いに駆けつけてくれるとか!?　双葉文庫キャラクターたばぶーとの共演をお楽しみに。双葉文庫公式Ｘ（旧Twitter）アカウント@futababunkoをフォローのうえ、発表をご期待ください。

24年も双葉文庫は沢山の「楽しい」を皆さまにお届け致します！

双葉時代小説文庫

お陰様で日本ど真ん中書店大賞2023を受賞した井原忠政さんの大人気シリーズ『三河雑兵心得』は累計110万部を突破。物語は更なる佳境へと突入し、まだまだ勢いが止まりません!

また、2005年の刊行開始から20年目を迎える鈴木英治さんの『口入屋用心棒』シリーズは、1月にいよいよ50巻目を刊行。2月にも51巻の発売を予定しており、待望の二か月連続刊行となります! お楽しみに!

他にも、売れ行き好調な坂岡真さんの『はぐれ又兵衛例繰控』シリーズや、風野真知雄さんの『わるじい義剣帖』、馳月基矢さんの『義妹にちょっかいは無用にて』など、大好評の新シリーズの今後にもご期待ください!

2024年に40周年を迎える双葉文庫。12月には大々的な時代小説フェアも予定しており、プレゼントキャンペーンも企画中。ぜひ、24年も双葉文庫の時代小説をよろしくお願いします。

文春文庫

2024年で創刊50年を迎える文春文庫ですが、今年も勢いは止まりません。1月の幕開けは佐伯泰英さんの最新作『新・酔いどれ小籐次26 恋か隠居か』。佐伯さんは本作で書下ろし時代文庫300冊! 大きな節目に、人気の「小籐次」が帰ってきます。2月には、NHKでのアニメ化が発表されました八咫烏シリーズで「シリーズ中で最高の衝撃作」と評される『追憶の烏』が刊行されます。さらに、文春文庫初登場、大ベストセラー「わたしの幸せな結婚」の著者・顎木あくみさんの新シリーズ『人魚のあわ恋』がスタート。この月は映画化決定「陰陽師」も新帯で、創刊特別フェアを実施します。各界から注目を集めている浅葉なつさん「神と王」シリーズも春先に刊行。藤原緋沙子さん、風野真知雄さん、藤井邦夫さん、岡本さとるさんという強力時代小説執筆陣の人気作に加え、澤田瞳子さんの直木賞受賞作『星落ちて、なお』も刊行されます。50周年も盛り沢山でお届けします!

平凡社ライブラリー

一九九三年に創刊し、昨年三十周年を迎えた平凡社ライブラリー。文庫より少し大きめの判型ゆえ、文庫のようなそうでないような中途半端な位置づけで今までまいりましたが、本の雑誌社さんより、文庫レーベルアンケートに書いてもいいよ、とお許しが出ましたので、この度晴れて、この欄にお目見えすることとなりました。

二〇二四年は(実はあまり先のことはわからないのですが)、思想関係では、和田春樹先生編『レーニン・セレクション』や、『中世思想史』『中世思想原典集成 精選』(全七巻)などで知られるクラウス・リーゼンフーバー先生の論集、文学関係では、『レズビアン短編小説集』の編訳者・利根川真紀先生による、女性作家の新編新訳短編集のほか、フランス文学のあの大作の新訳などを予定しています。また、西野嘉章先生『チェコ・アヴァンギャルド』や有名画家の新編随筆集など、美術関係の書目も。読めばきっと面白いものばかりですので、どうぞご期待ください。

法蔵館文庫

最近じわじわきている法蔵館文庫。もう覚えていただけましたか？　昨年は創刊三周年記念フェアを開始し、ファン層を拡大することができました。

令和五年の主なタイトルを振り返りましょう。『文物に現れた北朝隋唐の仏教』を皮切りに、『神々の精神史』『江戸のはやり神』『日蓮の女性観』『藤原道長』『安倍晴明の一千年』『江戸時代の官僚制』『宗教民俗学』など、歴史・民俗路線のタイトルを多く出すことができました。そして十一月には、『法然とその時代』『風水講義』『祭儀と注釈』の三点を刊行し、累計五十七点、創刊四周年を迎えるに至りました。この調子で、五年目もユニークなタイトルを続々とご用意してまいります。

一月は、日本人の心性と儀礼文化の深層に切り込んだ新刊にはじまり、文学・日本史・東洋史界隈を賑わすラインアップが続きます。そして夏頃には、小説にも挑戦する予定です！あとは無事の進行をフォローするのみ！令和六年もどうかご期待ください。

ポプラ文庫

おかげさまでポプラ文庫は創刊15周年を迎えることができました。2024年も充実したタイトルをラインナップしております。ブレイディみかこさんが手がけた長編小説として大きな話題となった『両手にトカレフ』や、人気ミステリ作家の似鳥鶏さんによる青春恋愛ミステリの傑作『夏休みの空欄探し』、そして若手ミステリ作家の旗手として注目を集める楠谷佑さんの秀逸な学園ミステリ『ルームメイトと謎解きを』といった話題作の刊行が目白押しです。さらにライト文芸ジャンルのレーベル「ポプラ文庫ピュアフル」では、累計100万部超の『陰陽屋』シリーズの著者・天野頌子さんによる新作『晴明の娘（仮）』、『黒狼王と白銀の贄姫』シリーズで大人気の高岡未来さんの新作「亡国の姫君は他国の王子に寵愛される（仮）」、そして超人気シリーズ『よめぼく』と『宮廷のまじない師』の新作も刊行予定です。2024年もポプラ文庫をどうぞよろしくお願いいたします。

ヤマケイ文庫

山岳名著だけではありません。十二月。日本唯一の北極冒険家で植村直己冒険賞を受賞し、冒険研究所書店店主でもある荻田泰永さんの『北極男　増補版』。単細胞の粘菌を通して、生命の〝知性〟の根源に迫る、中垣俊之著『考える粘菌　生物の知の根源を探る』。一月。登山者の安全を守り遭難者の救助に命を賭ける「登頂なきアルピニスト」の想いを描いた『富山県警レスキュー最前線』『岐阜県警レスキュー最前線』。二月。犬を愛しすぎた偉大な奇人。犬、狼、ジャッカル、狐、ハイエナと暮らし、彼らの生態研究に人生をかけた男の物語。小学館ノンフィクション大賞受賞作、片野ゆか著『愛犬王　平岩米吉伝』。今は薬師沢小屋の小屋番として奮闘中の、やまとけいこさんのリアルな小屋暮らしが目に浮かぶ楽しいイラストエッセイ集『黒部源流山小屋暮らし』。植物の驚きや不思議がつまった、大場秀章監修『植物学者が教える面白くてためになる植物の話』。三月。『新編　栂海新道を拓く』。予定ですが。

本の雑誌増刊
おすすめ文庫王国2024

2023年12月10日 初版第1刷発行

編　者　本の雑誌編集部
発行人　浜本 茂
印　刷　中央精版印刷株式会社
発行所　株式会社 本の雑誌社
〒101−0051
東京都千代田区神田神保町 1−37
友田三和ビル 5F
電　話　03(3295)1071
振　替　00150−3−50378
定価は表紙に表示してあります
ISBN978-4-86011-486-2 C0095